过坞
路后

王天鹏
方 淳 ／ 著

GUANGXI NORMAL UNIVERSITY PRESS
广西师范大学出版社
·桂林·

路过后坞
LUGUO HOUWU

图书在版编目（CIP）数据

路过后坞 / 王天鹏，方淳著．—桂林：广西师范大学出版社，2018.9
ISBN 978-7-5598-1113-4

Ⅰ．①路… Ⅱ．①王…②方… Ⅲ．①王天鹏—访问记 Ⅳ．①K825.38

中国版本图书馆 CIP 数据核字（2018）第 186747 号

广西师范大学出版社出版发行
（广西桂林市五里店路 9 号 邮政编码：541004
网址：http://www.bbtpress.com）
出版人：张艺兵
全国新华书店经销
广西南宁华侨印务有限责任公司印刷
（广西南宁市北湖南路 20 号 邮政编码：530001）
开本：889 mm × 1 194 mm 1/32
印张：4.625 字数：120 千字
2018 年 9 月第 1 版 2018 年 9 月第 1 次印刷
定价：45.00 元

遇　见

许多年不见王天鹏先生了。有一日，我在电话簿上找到号码，拨通他的电话。令人奇怪的是，他已经离开杭州，驻扎到莫干山去了。于是，我奔赴莫干山。这时候，莫干山“洋家乐”还没有成为一个意象符号出现在我的脑海里。我只是意识到，王天鹏先生离开城市去了避暑胜地。

当我再次见到王天鹏时，他已经不再只是乡村度假酒店的创办者。他一会儿在山东，一会儿在成都，一会儿去了福建，一会儿又去了江苏，就像一个行踪不定的僧侣。而他的身份，也在不断更新和丰富。多年前，他将自己称为一个“乡村旅游业态的摇滚者”。之后，民宿这种业态被政府挖掘，一股涌动的潮流将他掀起来，推到前沿。他突然成了一个产业带头人，一个喝头口水的示范者，一个具备了丰富产业经验的经营者，一个美丽乡村建设的实施者，一个政府工作的外脑与落实者。

王天鹏身上的变化，让我窥一斑而见全豹。尤其在与他的对话中，我感觉到乡村正在发生变化——也许这种变化刚刚开始。随着政府的推波助澜，“绿水青山是金山银山”的经典之论的推进、落实，这些变化将成为一个个有目共睹的事实。与他会面之后，我陷入了一系列的思考：我们的乡村究竟进入了一种怎样的状态？它的发展走到了哪个阶段？

在查找资料的过程中，我遇到了两个词组：后现代主义，新乡村主义者。这时，王天鹏的身份才有了清晰而准确的定位：后现代的新乡村主义者。

什么是后现代主义？后现代主义不仅是一种哲学理论，更是一种时尚的生活方式。作为后工业时代出现的反思思潮，从 20 世纪 60 年代以来，它广泛出现在西方的建筑、文学、电影、社会学、人类学等领域。它强调个人的背景、意愿和喜好，强调多样化、人性化、非理性和叛逆性等。它反对现代性中的统一、理性、物质主义，崇尚个性、体验和精神主义。伴随着工业化与城市化的发展，诸如住房拥挤、空间狭窄、空气污浊、交通拥堵、食品不安全、情绪糟糕、表情冷漠等城市病滋生蔓延，迫使人们重新回归乡村，寻找精神家园。美丽乡村建设因时对景。在不断扩张的城市化中，乡村人口大量流失，空心村现象比比皆是。失去人，乡村就失去了活力和诗意。乡村成为精神家园的社会需求，促进了一些具备远瞻思维的人的出现。他们将目光投向了远方，投向了乡村。瞧，一种新生事物的产生，来自一群嗅觉敏锐的人的精神需要。这个群体是感性的、灵动的、向往自由的。人们幼时的栖息家园被破坏了，他们需要寻找与重建。这种寻找与重建的路径，是从城市出发，回归乡村。他们是乡村文明的回头客——他们被称为新乡村主义者。之所以称其为“新”，是因为他们和沈从文、费孝通、熊培云等“旧”乡村主义者是有区别的。他们是站在时代之巅的人，他们懂得大众的心理，能准确把握时代方向，并且在潮流中站稳脚跟，将梦想在乡村生活中落实、重现。

这批新乡村主义者的出现，让政府看到了美丽乡村建设的希望。而之前，对于美丽乡村建设的理解，停留在城镇化基础上。有些学者不禁发出呐喊，希望这种破坏乡村原有风貌的建设赶快停止。乡村文明一定与城市文明有着本质的区别。大、快、高、猛的城市建设，已经引发了许多城市病。我们难道还要继续破坏乡村吗？什么样的发展形式才更符合建设乡村文明的需要？新乡村主义者的追求与实践为美丽乡村建设做了很好的注解。

这批新乡村主义者创造的业态和从前的农家乐迥然不同。农家乐的主体，是乡村本土的建设者。而新乡村主义者来自城市，有丰富的城市生活经验，对城市文明的好与坏有着清醒的认识。他们将城市生活好的一面融进了乡村，使城市与乡村很好地接轨、融合。从传统农家乐到后现代休闲旅游业态，新乡村主义者是主力推手，是潮流的引领者。这批城市精英的回归，将带动一批城市人返乡，推动乡村建设发展。

遍观这一轮新美丽乡村建设，几种旅游业态值得关注。在地智能、回归自然、怀旧复古、绿色意识、强调体验等生活主张，在这些业态作品中一一呈现。在地智能，就是善用地方元素。据《旅游学刊》2014年第8期《中国旅游发展笔谈》一文介绍，2005年3月，两名加拿大人艾丽莎·史密斯和詹姆·麦金诺发起了“一百英里饮食”运动。他们下决心要让自己日常生活的食材，全部来自温哥华半径一百英里（约160千米）的范围——这也是“地产地消”运动的发端。重视本地食材与地方菜，成为后现代饮食的关键要素。后现代的饮食强调回归自然、自家种植果蔬、食用有机或无毒食材、回归传统农业。后现代的饮食还强调妈妈的味道、家乡口味、老师傅的私房菜。这些怀旧的食谱、菜色以及饮食空间，让客人回到曾经生活的流金岁月。后现代的住宿则是一场造梦运动。新乡村主义者自己动手设计、建造，打造自己梦想中的城堡和家园。后现代乡村生活还强调节能低碳、节制消费的绿色理念，强调全球在地化的手工生产。在新乡村主义者的引领下，在新农村民宿空间，你的饮食可能是本地取材、自己烹制的；你将跟着村民深入菜地播种采摘，跟着渔民下海捕鱼；往日的乡村生活再一次重现，让城市游客流连忘返。

在与王天鹏的交流中，我深切感受到这些元素在他身上的全方位呈现。他不仅是站在美丽乡村建设浪尖上的倡导者、实践者，也是一个文化积淀深厚的文人，中国传统文化要素——隐居、山水、书法等，在他身上，如波浪一般光影斑斓，拂掠动荡。

于是，我进一步走进了他的营造，他的作品，他的生活空间，他的精神家园——“后坞生活”。我想挖掘点什么、翻阅点什么。此刻，他和“后坞生活”成为一种活态作品；而我，是那个去观察与表达的人。

他说，他是“后坞生活”的过客，他在路过后坞。“你站在桥上看风景，看风景的人在楼上看你。”（卞之琳，《断章》）有幸，我是这一过程的观景者。

方 淳

2017 年 6 月

目录

CONTENTS

生·活

Living

近些年来，城市“摊大饼”式的建设，带来愈来愈多的城市病：污浊的空气，狭窄的空间，拥堵的交通，生硬的水泥表情……这些都使人们对曾经向往的城市生活产生怀疑，并逐渐探索出回归自然、返回乡村、重拾乡愁记忆的路径。许多城里人离开城市，回归乡野。他们有的在山乡偏僻地带筑起私巢；有的自驾出城，背包旅行；有的完成从东到西的异地迁徙。一股从城市回归乡村的潮流逐渐形成。

紧跟这股潮流，王天鹏已经在莫干山旅居三年。这个被称为“王旅长”的人，在莫干山脚亲手营造了“后坞生活”竹林度假酒店，成为“乡村旅游业态的摇滚者”。随着民宿产业在全国的蓬勃兴起，“王旅长”被邀请到各地参与美丽乡村建设的实施。他被称为这一旅游业态的“教父”。

从城市到山野

问：您离开杭州虎跑“四眼井”，选择莫干山的初衷是什么？

答：“四眼井”是个城乡接合部，我在那里生活了六年，做青年旅社。在杭州，当时“江南驿”“绿茶”和我的“四眼井”，三家都是做青年旅社出身。他们的“吃”做得好，只有我坚持做“住”，走的路子不一样。我离开“四眼井”，离开杭州这座城市，选择莫干山的乡村生活，源于城市带给我的一些感受。

城市是现代文明的标志。但我总觉得，在艺术创作中，它缺少点东西。到底缺什么？这是我一直在寻找和探究的。乡村中饱含历史痕迹的民俗传统，会带给人厚重感，能唤起人的记忆——沉淀在骨髓里的源远流长的东西，以朴素的形式呈现出来。这是城市所缺乏的。城市也有历史，也有厚重感，但据我的个人体验，其往往深入不到人的骨髓。而且，它是以华丽的、现代的面貌呈现出来的。这与我的艺术创作有隔膜。对于一个创作者来说，乡野丰富的地域地貌与建筑形态，为我生活空间的创作带来了丰富的题材。

在乡村，能看到鸟飞过天空，能听到雨水滴滴答答……后坞的水吧，用的是自然的泉水，是活的。这是城里没有的。村道旁，桃花开了，过段时间，桃子就长出来了。这场景，城里也没有。从城市到乡村的逆都市行为是一种批判性的表达——有人用清口秀来表达，有人用摇滚来表达，我用我的方式来表达。

城市生活是被格式化的。艺术所反对、所要打破的，就是这种格式化。为什么呢？因为格式化束缚、限制了人的丰富生活样式的可能性。在被格式化的过程中，人会感到很不自在。譬如，早上七点到九点是高峰期，下午五点到七点又是高峰期，晚上七点半以后可以有夜生活……你得按照它的时间表来。到乡野后，你会发现，你寻找到了更大的自由度：你可以听风朝哪里吹，你可以听下雨的声音……你的神经是放松的。

离开“四眼井”，还有一个小小的缘由，那就是逃避。在“四眼井”，我总是被客人追问——他们跟我讲在城市遇到的各种问题。当时我办青年旅社很成功，办起来不久就被“小资”包围了。我的客人许多是“80后”群体。他们对生活不满，对父母不满，就来到我的空间，向我这个创作者倾诉。

《杭州日报》的王越是一名资深记者。她曾在报上开设了一个栏目，叫“都市情感”。来到“四眼井”之后，她很惊诧：“‘王旅长’，你的生活怎么这么快乐？”我问她：“你为什

么不快乐？”她说：“我办这个栏目，遇到很多人向我倾诉情感问题，搞得我自己很不快乐，每天都充满了负能量。”为此，她就把这个栏目拿掉了，换成了“生活家”栏目。我上的是新栏目的头一期。

再一个原因就是，“四眼井”的价格低，接触的都是背包客。我想接触更高层次的人。这里有个奇怪的现象。“后坞生活”很快就卖到一千多元一个晚上。一部分以前住“四眼井”的人，当初的“80后”，现在已经做到中层了。这批背包客在成长。一千多元一个晚上，他们照样来消费。他们带着上司一起来，发现这是一个商务与休闲相结合的产品，来消费的人就更多了。

问：您是行走在城市与乡野之间的人，身处乡野而胸怀城市。您游历了哪些地方？这对您后来坚持自己的生活方式，创办“后坞生活”产生了怎样的影响？

答：我游历过很多国家。给我印象最深的有两个地方：一个是海明威喝咖啡的地方，另一个是新西兰一个海湾的小酒店。

海明威喝咖啡的那家法国尼斯咖啡馆，是海边的一个海滩旅馆，名叫 Nice Beach Hotel。这个地方很难找。向导带着我穿过一个个弄堂，拐了二十几个弯，每个弯的拐角处都有一个小牌子。那是在 1990 年左右。我看了之后，马上觉得这种业态就是我想要的。旅馆房间不多，就十几间，酒吧很小。有张照片表明，海明威曾经在这里喝过咖啡。海明威喝咖啡的那个位置，真是独具匠心。我不知道它是不是真的。但这就是其精神之所在。海明威带有时代烙印。他探索了人与海的关系：在渔夫与大海的搏斗过程中，人生一下子就过完了——这个过程可能是八十年。这是当年海边人们生活的地方。

另一家酒店在新西兰皇后镇（Queen's Town）。我先是看到广告，就打了电话。服务员说："你可以骑马或者坐船进来。"我来了兴致，然后就骑马进去了。这是一个老人开的酒店，就那么几个小房间。但是这种空间小而安逸，让人身心宁静。

我给北纬 28 度"海山生活"设计的酒吧文化，最早是在德国学的。酒吧文化，来自欧洲，但是格式化很严重。我对酒吧文化的探索深入到了细节，譬如不同的音乐，会带给酒吧不同的感觉。还有，开会的地方可以同时用来吃饭——我非常注重空间使用的高效率。

可以推断，再经过两年的淘洗，中国保留下来的民宿，一定是有精神内涵的民宿。譬如"海山生活"，房子怎么挑，资金怎么滚动，吧文化产品的系统性，都是一般的客栈比不了的。

问：这些年，城市病确实受到各种各样的批判，回归乡野

成为一种情怀与潮流。您怎样看待自己关于“后坞生活”主题度假酒店的创作？

答：现在来看，一股从城市走向乡野的潮流已经兴起。在绿水青山中寻觅内心的宁静，是一种时尚，也是一种质朴的生活方式，是东方诗性传统精神的表达。

城市病，大家都在批判。譬如汪峰的摇滚《北京北京》《晚安北京》，都带有强烈的批判性。城市病确实存在，摇滚把它解剖出来。但是，摇滚没有提供解决办法。怎样让城市交通不

再堵塞？怎样让城市没有雾霾？我们去做了，有没有产生效果，不知道。反正自己喜欢，就去做了。

在做的过程中，我们的价值随之产生。我们的乡野作品，乡愁作品，有一个大背景，就是中华文化的复兴。我们在营造、创作过程中做出来的农舍，正好是传统文化精神的体现，且具有当代人们需要的度假生活条件。

问：您为什么追求乡野空间作品的设计与营造？您在创作过程中，产生了怎样的体验与感受？

答：在乡野空间作品的创作过程中，我感受和体验到了融入自然后的真正自由。城市建筑很容易被格式套住。我在乡村很自由，想怎么干就怎么干。我住在乡村，可以把民间泥瓦匠、木匠、手编工匠的工艺融进我的设计里，可以自由随性地表达。这是我看重的。您看过我的设计稿，没人说这个线条应该怎样。在自由的自然环境与状态下营造出来的东西，肯定是活的，不是标准化的，没有向哪个风格靠，比如往简欧靠，往新古典靠。这是我喜欢的。

乡野空间作品的创作，更多的是二度创作——它的一度创作体已经存在。我们需要在一度创作的基础上进行设计，进行再创作。这是民宿创作的最大特点，也是我们到乡村后才发现的。我们发现，这里有很大的发展空间。但是，让我感受最深的是，从发现一个乡村，到设计一个乡村，并不是一气呵成的。我们进入乡村、融入山林后才发现，这里可以这样搞，那里可以那样搞。生活在其中对地理地貌的理解，是一步步深入的。你会对接地气的方式有更多的认识，也就是我们所说的因地制宜。这时候，以前学到的学科知识会慢慢被剥离，变为本土化的东西。但是，在骨子里，学科的东西还存在。

我们是在设计和营造，而不是建造，因为营造是需要用心的。建造指的是房子，而营造重视的是环境和氛围。“海山生活”是典型的石头房，而“后坞生活”是农舍——土坯房。弯

弯曲曲的木头，黄泥土坯，鹅卵石小径，都是乡村生活的要素。进入乡村后，我们以艺术家的心，在实践中把艺术手法与传统手法相结合，形成了我们想要的多样生活空间。

问：自2016年以来，莫干山作为一个民宿产业集中的典型区块，受到政府的重视，成为民宿产业潮流的一个样板。您在这一轮潮流的兴起中扮演了怎样的角色？请谈谈您的一些经历。

答：我在“四眼井”创业的时候，没有这么多政府旅游官员和宣传部官员来考察乡村旅游产品，因为城市没有这么大的可能性。我进入莫干山后坞之后，中央电视台给我做了四个专访，把湖州市委宣传部都震动了。

我也留意过一些官员的文章，譬如一位宣传部长的文章。

他本人是个“文青”，考察过欧洲乡村。这说明官员们也在思考如何振兴中国的农村经济。我到后坞的第三年，开始真正运营。有一天，这位宣传部长来到我的工作室，看了我的纤维艺术作品。后来，县委副书记和镇里的书记也来了。他们说：“这么一个好地方，怎么现在才发现！”这位宣传部长和我同岁，气质很好。在我邀请的一位著名作家老前辈、我的同乡叶文玲来了之后，这位宣传部长在一个下雨的晚上来到我的工作室，和我们聊了五六个小时。后来陆陆续续地有官员到访：本地的，外地的……他们都很吃惊，说：“怎么到现在才发现这么个地方！”当然，这里有抬举我的意思。我想：没有中央电视台的那四个专访，就不会有这样大的影响力。

中央二套节目组来拍摄的时候，将“后坞生活”看作低碳酒店的一种形式。而我本人，也成了低碳生活的倡导者。我想：“后坞生活”之所以一下被推到了前沿，前提是洋家乐“裸心谷”在全国甚至西方人的心目中已经很有名气。我到山林里来才知道，“裸心谷”的名声太大了。它的英文名是Naked Stable 。但“裸心谷”完全是殖民性的东西。他们将城里的度假酒店搬到山谷里来，搬得很巧妙。里面有小山水，没什么竹子，都是树。创作者高天成是个南非人，妻子是建筑师，中国香港人。这个圈子里还有一个牛人——司徒夫，妻子也是中国人。他们是同一类人：娶中国妻子，在中国生活，干的是西方人的活。他们的产品卖价很高，一晚上六千元人民币。但他们那种只认订单的

个性，让中国官员很尴尬。到现在为止，旷野度假酒店还是离不开“裸心谷”的理念。有些民宿设计师第一次给我看规划的时候，都离不开那几张“裸心谷”的图片。所以我在这里大胆地说一句：“那时候，中国的设计师给我的印象很差劲，都被格式化了。”

地方政府一看，想：中国人怎么了？莫干山这样的好山水，为什么是外国人在挣钱？我记得中央二套拍的专题片中有一个旁白是：“中国美院一个老师提出：中国人为什么不能自己来

做？”这里有一种民族情结在里头。我混在洋家乐队伍里，也像个联合体，变得强大起来，引人注目了。

在政府的推动下，许多地方请我去设计。这样，我也有了一些不同地貌的作品，后来出现了“海山生活”“长岛一号”“宋庄民宿”等。“长岛一号”在北纬 38 度的渤海与黄海交界的地方。“海山生活”在北纬 28 度，它所处的东海湾是典型的渔村。江苏淮安龟山传统文化村落度假民宿现在还有一个合同没签。我为不同地域打造不同的度假业态，表达人们生活想要的空间。

这很自由。最近，福建的古厝项目，也要启动。

这是路过后坞之后，走过的几个点。

2013 年的时候，我有一种预感：莫干山这样做下去，后面会有很多人来追随洋家乐。但是，民宿这一轮风潮刮得这样猛，我还是没想到。我在风潮中，被人家到处借用，无形中也扩大了一点影响。

在与政府官员交流的过程中，有的官员提出："你们这是长江三角洲地区。我们那儿很落后，发展这种度假旅游业态，肯定不合适。"我现在做一个旅游产品，在当地可以成为一个地标。现在政策这么好，我们的政治性有了，投资者的市场性也有了。看！这个业态改变了石塘半岛的气质，民俗度假的方式改变了当地面貌。但是民俗风格也好，海盗风格也好，它们是内在的系统，你不能往大处讲，否则人家会觉得很虚无。

问："后坞生活"作为一个民宿产品，您认为它最显著的特征是什么？您是如何在建设营造中突出这一特征的？

答：洋家乐是个品牌，民宿是个载体。乡野度假酒店还有一个专有名词：Hill Station。我喜欢称它为主题度假民宿，喜欢跟人家不一样。我作为中国人做民宿，始终讲东方性。2013 年的时候，我就有危机感。我想：以后的两三年，我们怎样在民宿潮中胜出？我们怎样确立江湖地位？我希望是通过对东方性表达的方式。

东方性讲什么？在“后坞生活”的系统里已经有了。目前有水吧、禅房、露天剧场、手工坊、纤维艺术工作室、露天泉水泳池。在民宿里面，从功能、意境来讲，这个系统还是一流的。为什么呢？

还是要从城市说起。2000 年之后造的宾馆，以五星级商务酒店为代表。那些有钱人自己建造宾馆。他们觉得很了不起：“我有两万平方米的建筑，个人所有，不动产！”其实他们被套住了。国家统计数据显示，中国城市五星级酒店现在 80% 是不赚钱的，10% 是赚钱的，还有 10% 打平手。

城市里酒店系统很完备，很规范。但是，如果说它有十个元素的话，我认为目前它只撬动了六个，真正用的只有四个，有一两个元素是或用或不用的。他们的大堂更像是摆设。我们做系统的时候，借鉴五星级标准，满足这批“80 后”精英团在城市里不能得到的东西。我们的水吧，吸引了很多大企业来做高端会务。比如北汽集团在这里做了两场，很高端。他们非常喜欢这个水吧。于是他们又叫上汽车系统的人，来这里搞一场高端聚会，在散漫自由的休闲氛围中完成工作。

会生活的人就是艺术家。我们是这种生活的创造者，又是其中享受生活的一员。我们制造了艺术生活场景，让更多人来体验弥漫着小资情调的氛围，尽享高级精神生活。

我讲的东方性，首先依托的是这万顷竹海。这就是后坞的力量。所有的行为和空间，都依托这片竹海——它是依山自然生长的。五六十年前，当地的一些居民根据这地形搭建房屋，是散落的。这些工匠没有设计师，只是利用劳动人民的智慧，用夯土、木结构来完成建造。我的规矩是，城里干过的活我不干，工业时代的手法我尽可能回避——我用农耕时期作坊的手法。农耕时期没有水泥，我们就尊重自然，由着地上长草，不伤害土地，不伤害植被，由此形成一系列的东西。低技术手法营造出来的这一切，就是我们东方性的表达。

我们回到宋朝山水画，寻找自然与人的关系。宋朝山水讲意境，先有山水，再悄悄画几栋矮房子。像近代黄宾虹的画，上面有几个东倒西歪的屋舍，风吹来，房子好像要歪了——他其实画的是意象。我们的东方性，一定要有这样的背景。

现在的房屋楼盘，属于时代的产物，有大批人居住，必须科学规划。当商业利益关系形成后，建筑体与自然环境的关系就被忽略了，譬如将旧建筑整个推倒重来，造完房子，再把树栽上。这是当代与传统不一样的地方。我们是先有自然环境，再有房子。我们的树是自然长出来的。

我们对东方性的表达，像曲水流觞，是魏晋竹林七贤文人雅士生活的延伸。古时文人的生活是吟诗、作画、饮酒。我们的产品带有半商业性。今天“后坞生活”雅集来的人，阶层跟精神统一度很高，精神层次有很多错落。我们要引导那些精神层面没到的人。这是雅集的动机之一。这带有引领作用。我们要吸引气质相同的一批人。

我们有素斋、瑜伽、保健养生、中医疗法、艾灸、经络系列。我们一直在做古琴、古筝、歌舞、旗袍，还有布艺、编织、花艺。我们要回到男耕女织、晴耕雨读的那种意境。我自己一直在研究竹简书写、茶艺等，都是东方性的主题内容，是“后坞生活”东方性的体现。当然，我们还有徒步、日光浴、骑行、泉水吧、游泳……我们给 16 岁以下的孩子准备的有竹子手工制品课、布艺课——都与自然有关，低碳生活，传递东方性。

五星级宾馆与民宿，其实可以相融，无非是我们探索实用性。乡村酒吧是度假酒店的公共社交平台，既有鸡尾酒、咖啡，也有早茶。不同的人过来，有不同的享用。这是当代性里面对吧文化的处理，是业态的组成部分。来参加雅集的人组成一个情趣相投的圈子。生活需要同类的人，保持一段时间的交流。这类活动定期或不定期地搞，会在酒店的商业平台上发送。我们希望用这样的方式，保持与老朋友的交往，并结交新朋友。我们确实把许多客户变成了朋友。上次的雅集，我用竹简的方

式做了展示。17 岁我就选择了汉简书写，30 多年来汉简练习从未停止，用作自己的修身方法。这是其中的元素之一。我想把汉简做成文创产品，外面用麻包起来，以后用来送朋友及客人。我对东方性的追求是没有套路的，表面上看是当下生活的体现，但其实也是传承。

重归山林后，我一直在探索纤维艺术与自然山水的关系。我们看宋代山水画的时候，其实是看文人画自己。我想营造一个长卷：背景依然是山水；最近处，是乡村酒吧；一号楼在丛林里；六号楼在梨花深处；从一号楼到六号楼，有手工坊、水吧、禅房，左右竹林道曲径通幽。我想用水墨的方式，把乡村旅游与度假业态的内容用 50 米长卷去表现。我要把吴山明老师的屋漏痕技法运用在我的山水画上。

路过后坞

SPA

旗袍

干蒸

雅集

布艺

花艺

宁静，宁静，还是宁静

选择乡村旅游业态作为自己的人生追求，与主人的个性有关。首先，厌弃都市的嘈杂，追求乡村的宁静，是主人回归山野的原因之一。笔者发现，在这些乡旅产品的创作者身上，都多少潜藏着传统文人平静安宁的人格品质。在竹林中静坐、冥想、听音乐、练习汉隶与瑜伽，是“王旅长”这些年通常的生活状态。笔者认为，任何良性事物的产生，其实都需要宁静的土壤。笔者希望通过与“王旅长”的交流，探讨个人性情与作品创作之间的关系。

问：您是个健谈的人，同时又喜欢安静。您怎样认识“宁静”这个词？

答：首先是自己不够宁静，处在不宁静的环境中，对宁静

就有需求。那么，宁静到底是怎样的呢？譬如，听恩雅的音乐的时候，我就能够感受到宁静。如果是在一个很嘈杂的地方，就可能感受不到宁静。对此，我前些天在微信里写道："你分明看到，风从那个方向飘过来，因为有竹叶的摇曳。如果没有宁静，风的声音就听不到。都市太喧嚣，所以需要寻找宁静。都市不仅仅是声音的喧嚣，更多的是人的心理上的烦躁，是本质上的嘈杂。你宁静了都没用，很无奈。而我们融入乡村，自然而然。这个环境让处在不宁静状态中的你，渐渐地跟这座山融为一体。久而久之，我发现自己成了莫干山的一根竹子。"

我的健谈，是在一些人寻找宁静的时候，去跟他们分享我的经验。不是面对所有的人我都滔滔不绝，我还是坚持寻找同类人。

问：您不仅自身需要宁静，同时希望来后坞的客人也是宁静的人。您不喜欢喧嚣与嘈杂。您是怎样营造这种宁静的气氛的？您认为宁静在人生状态中有着怎样的地位？您身居山野，找到宁静了吗？竹子是有灵魂的，后坞的参天竹林是否影响了您的心性？

答：当有更多的人寻找宁静的时候，我们用什么方法保持这种宁静？独处的时候，我感到宁静，感到世界与我同在。这时候，我会产生更多的思想。我认识到，“后坞生活”取得的一些小成绩，会很快成为过去。我要思考自己再次出发的方向。

竹林在传统文人意象中，是净、直、清、贞人格品质的化身：宋代苏东坡“宁可食无肉，不可居无竹”（《於潜僧绿筠轩》）；唐代王维“独坐幽篁里，弹琴复长啸”（《竹里馆》）；唐代李涉“从来爱物多成癖，辛苦移家为竹林”（《葺夷陵幽居》）；……

我认为自己特别适合与竹共居，我觉得自己的品格跟竹有相通之处。譬如，我不喜欢奴颜媚骨。到这里来参观学习的官员很多，但我并不以官位高低看人。我更喜欢志同道合、有精神交流的人。我在竹片上写书法，寻找古人的感觉。这使我内心充满了清扬之气。

孤独的价值

但凡引领潮流的人，似乎都会经历一段时间的孤独期。孤独，是思考的家园。从这一点上说，孤独有其独特的价值。建筑设计师王澍谈起自己的创作经历时说，在20世纪90年代长达八九年的漫长时间里，他除了看书、喝茶，基本上无所事事。在建筑大潮来临之时，包工头们赚得盆满钵满，他却停止了建造。笔者试图探索“王旅长”的精神依托，探索孤独在他人生事业中的价值与地位。

问：您说青年时期您曾经觉得孤独。现在的您还觉得孤独吗？您如何看待孤独？

答：现在不是我有多孤独，而是我不够孤独。我被人家追得不知道怎样躲藏。这说明我的先锋性不够，很快就被追上了。我原估计需要五年，结果两三年就被人追上了。我看哲学家海德格尔的哲学，觉得这个人很厉害。我把海德格尔看作榜样，不间断地去阅读他的东西，才能找到自我。我欣赏他那种孤独又孤傲的气质。但是孤傲，弄不好就成孤僻。我做旅游产品，是绝不能孤僻的。现在旅游产品要用市场来检验。这个分寸，是我们要把握的。比如，两千万元投资下去，两年没了，这时候，你再孤傲都没用。

我现在印象最深的是，在被邀请的时候，你要被人在网上搜索。很多人上百度查你的表述。我无非就是做些交流访谈，互动讲座。浙江省委党校，浙大西溪校区，湘西土家族苗族自治州党委宣传部，成都大学，福建泉州和厦门的一些单位，我都去开过课。当美丽乡村建设由顶层设计发展到乡村落地的时候，我是一个参与者和实践者。在这个过程中，我们必须产生效益。我们是服务于这个市场的。如果你孤独、孤僻，人家不会为你买单。

问：无论是“四眼井”还是“后坞生活”，都是您的作品。你在创作中感到孤独吗？

答：作为一个艺术家，一个生活家，只能说，我必须在孤独中不间断地为自己创造未来发展的方向。在这个过程中我要孤独。我要思考：三年就被人追上了我该怎么办？现在，我们叫顶层设计、底层落地，中间需要政府推动，由我们这样的人去落实。这时候，三五年正好。但是，在这三五年的过程中，大家都在生产这种产品，我的产品的先锋性就消失了。这时候，我得保持孤独。我的思维方式，我的行走模式，一定要有孤独性。

不是一流的东西，卖不了一流的价格。在感性手法里面，很多是理性的。孤独，还是要有连续性。我要不间断地保持孤独。当你一个人进入山林，整个山林就是你的。深度游和自助游，讲的是独处。孤独是保持作品先锋性的途径之一。

问：随着“后坞生活”成为中国民宿产业的样板，您从山林走向了时代前沿。您有什么不同的感受？您将如何保持作品的先锋性？

答：民宿载体可以将乡愁转化为财富，是轻松愉悦的，不能成为负担。关于先锋性，我认为有两点：一是不计后果；二是要有点真实的东西，可以给人看。

绿水青山怎样换成金山银山？靠先锋性。要超前市场半步，保留孤独的气质。但是，要恰到好处。如果产品六年还产生不了效益，你就撑不住了。如果不能收回三四百万元利润，投资人就会觉得风险很大。为了降低风险，就要把孤独期缩短。我的设计本来是五年的，但是三年就回了本。

孤独，当然会带来好处。你的产品跟人家不一样。旅游的

人不喜欢大众化的产品。这里我有秘诀或绝招。三年以后，你回了本，我再给你一招。我是有章法的。没办法，市场的规律就这样追着你。

从这个意义上讲，市场的弊端，政府的弱点，隐藏的困难，在你做的过程中，都会显露出来。我是一个不知害怕的人。我用步枪打狙击。除非我不放枪，放枪就让它成功。时间有限，要做合适的事。

我现在做旅居的概念，在很多地方做了伏笔。譬如北纬 38

度烟台“长岛一号”，项目设计出来，县委书记亲自主持会议，由十六个部、局评审讨论。文化局长说：“你这个民宿馆是做什么的？”我说：“这正是你要填补的内容。”项目十分钟就通过了。我所做的，就是要把政治的加分与企业的盈利真正连接好。

这个海滩的自然风光多美！但是在新农村建设过程中，如果在海滩边上造一批新楼，多难看！好在，我们现在很多人文人化了，追求完美。这个方向是对的。

人·生

Life

人生包括事业。选择乡村旅游业态作为自己的事业，并以此为平台，延展自己的人生，以此寻找自身的价值所在，是王天鹏一直思考、探索与追求的。什么样的人，就会活出什么样的状态，创造出属于他自己、带有独立标签的人生。

在与“王旅长”对谈的过程中，我深刻地感受到，他首先是一个生命的思考者，其次才是价值的创造者、人生观的践行者。笔者希望通过问答式的交流，将王天鹏这位乡村旅游业态“摇滚者”或者民宿业态“教父”的形象予以还原，探索其丰富的心灵内质，理解和探索他到底是一个怎样的人。

思考使人回到自己

问：我认为，您是热爱思考的人，同时又是坚持自我的人。这两点使您坚持走到今天。这种习惯是什么时候开始养成的？您提到过歌手汪峰，您觉得自己和他是同类吗？

答：我在这里想先谈一个人——2016年诺贝尔文学奖获得者、歌手鲍勃·迪伦。许多人都在思考：为什么要把奖项颁给一个歌曲创作者、词作者？我认为他有一种先锋性。这种先锋性体现在其歌词里。他的歌词创作的出发点是人性。这个奖颁发的意义，我觉得有两点：一是战争问题需要解决；二是在我们进入从读文到读图、看影像的娱乐时代以后，文学需要有人演唱。

我觉得汪峰有鲍勃·迪伦的影子，特别是汪峰写的《存在》这首歌。他的音乐修养有丰厚的基础。特别是他在音乐美学上的表达，让我对他的摇滚产生了新的思考。我作为一个乡村旅游业态的“摇滚者”，跟他的风格一脉相承。当然，我对社会的影响和贡献没他大，但我们都走在这条路上。

问：作为中国乡村民宿业态的“教父”，您一定有与众不同的思维方式与创造力。任何一个领域的领头人，往往都会在这个领域具备独到的观察力与理解力。您通常思考一些怎样的问题？这些思考给您的人生带来怎样的启迪？

答：当下的很多价值观，我以为都偏离了本质。譬如都市房产和交通，都偏离了我们生活的需要。我们到底要怎样的生活？城市没有提供给我们答案。我在思考：我是不是生活错了地方？是不是发生了地理意义上的错位？譬如，杭州的夏天和冬天，我是待不下去的。我一定要逃离杭州，去青岛过夏天，去海南过冬天。我认为这是我想要的。而当我在城市待不下去，那么,我就要思考:我到底要去哪里？我用行动做了探索和尝试。我认为到目前为止，这个探索和尝试是成功的。而在探索的过程中,我最终发现并且相信,未来的生活、新经济、新旅居社区,都可以在乡村实现。在这条路上,我的作品从“四眼井”到“后坞生活”，就把这个价值表现出来了。

关于乡村新楼盘，我提出“旅居生活”的概念。人本身就应该生活在青山绿水的环境中，呼吸新鲜空气，喝纯净的水，与乡民和睦相处。这是我们生活本该有的要素。20世纪80年代以前的乡村和城市，大多数人都是这样生活的。从前的城市，我觉得很有诗意。而随着城市化建设的扩张，诗意也逐渐减少。乡村文明因为人口流失而迅速萧条下去，遭到了前所未有的破坏。在这样一种社会大背景下，我这种为自己创造生活环境的想法，得到了大众的支持。在这一点上，我暂时走在了前面。这是我不断独立思考带来的成果。我的所作所为，和社会的节点是相吻合的。

问：作为一个新乡村主义者，您一直在关注中国的乡村建设吗？您如何看待自己创造“后坞生活”这样一种行为？

答：十五六年前，我读到冯骥才关于中国乡村，特别是那些有形态的村落的文章。文章说，中国的乡村，一天就会消失一个。五六年前，冯骥才说，每天有六十个村庄在消失。对此，后来我通过实践才终于弄明白，深有感触。我们国家的确需要这些高层次的人不断地呼吁。他们的声音还是起到了一定的作用。大概十年前，国家级传统村落的保护、省级传统村落的保护、文化村落的保护等方面的政策纷纷出台。这就跟冯骥才这样的人的呼吁有直接关系。但是，我们个人的力量是很弱小的。我就做起来，去实践。冯骥才的呐喊，是一种文人情怀。我读他的文章，感觉文中饱含一种爱国之心。我在做的时候，就越做越愉快，同时收获很多，从中挖掘到了乡村的美好。这些点点滴滴的经验会传递给别人，影响到别人。路过后坞的过程，就是这样一种心态。

问：您从来不是一个随众的人，总是以倡导者的形象出现在公众的视野里。您觉得到目前为止找到自己了吗？以后的道路，您将怎样走下去？

答：文明在发展中，始终有走过头的地方，也始终存在不足。我只是在后坞做了一个探索。我们可以用怎样的方式来延续乡村文明？我们可以怎样摆脱都市病、回归乡村？我在莫干山后坞生活得很好，业态经营状况也很好。接下来的五年，作为一个小目标，还会在不同的地貌，用更多的手法和更丰富的业态，将绿水青山换成金山银山。我会把价格做得更高，锁定一批精英。我的产品将面向小众，因为文明进程始终是由小众来推动的。

我们锁定的这小群人，在市场上是存在的。我们在选址和产品手法上，一定是不一样的。文学性，诗意，小资情调，永远是人们生活中需要的东西。那么，这小群人占人口的比例是多少？就像我说的，你先锋过头了以后，就孤僻了。这是市场

告诉我们的，要有时间性。我 2006 年做青年旅社，那批客人大学毕业后，一直在成长。当那批精英群里的“80 后”，来莫干山分享野奢系列度假产品，看到“60 后”作品的时候，我感到站在他们面前不落后。“85 后”的青年，优秀的做到了中层。当他们休假的时候,男的可能会带上丈母娘和老丈人,其中丈母娘就可能是“文青”。

我们把充满东方魅力和诗意的生活体现在度假业态里，旅客会去传播。我们要让不同年龄层在这里都能找到自我。有一次，一个“90 后”来我这里，看到阳光下松木板分泌出松脂，觉得很奇怪。他问：“这是什么？”我说：“这是电灯发明之前，人们用来点灯照明的，叫松香。小提琴抹过松香后，发出的琴声清脆响亮。”他感到很新奇。我们要给不同年龄层次的人提供感官享受和服务。

比如，现在讲旅居的概念。虽然我们还没到退休年龄，但是，“文青们”往后15年想要的生活，我已经创造好了。我想在海南文昌市实践。一定要有老宅、老社区。七八年后，这个产品可能会实现。当我们成为自由人的时候，我们就编队出发吧！去做候鸟式的人，过迁徙的生活吧！

问：听您说起过，您从小叛逆，在求学与后来的人生事业里，始终保持着叛逆精神。这一点让我想到做建筑设计的王澍。他年轻时也是一个大胆、狂傲、让人侧目的人。这种精神与您现在选择这样的乡村旅游业态有什么关系？

答：可以说，正是因为我一直保留着叛逆精神，走与众不同的路线，我才能创造出与众不同的作品，并保持作品的先锋性。刚才说过，最难的是保持先锋性。这是我的挑战。

当你觉得很多想法不被人接受，或者当你总是能听到许多反对或质疑声音的时候，你跟别人的思维就不在同一方向上，或者在节奏上你走得更快。叛逆的人通常独立思考，会提出与众不同的主张。你白天干的事，要在当天晚上12点就让全社会理解你，是不可能的。这时候，你要忍受孤独。孤独是你的常态。在这种常态里，你要看得远。你要思考你的产品与价值，你的孤独性与你的时间段要匹配。如果你的孤独能保持五年八年，就很了不起了。我走的是商业业态的路线，经济上必须获得独立。

所以，我的孤独不是梵·高式的孤独。我的孤独必须是毕加索式的孤独，因为毕加索是位孤独的可持续者。我得讲好我的故事。面对山水，人能沉下心来思考。这是山水打动我的地方。

面对中国美术学院象山校区建筑群，王澍说："规划并建设一个美术学院的校园，不仅是一个景观问题，而且是在更本质的层次上对建设模式的选择。它决定着知识与教育在一个什么样的人文世界中成长，决定着学生的世界观、艺术观、道德观在一个什么样的人与自然的关系中养育，并最终影响、决定

着我们所赖以生存的这块土地的未来。”可以说，王澍对我的影响深远且无形。其实到今天为止，我当年的那股劲儿还埋藏在心灵深处。但是，你能感受到它已经很亲和、圆润了，不那么危险、生硬了。它真正的那种力量并没有丧失，反倒多了很多湿润、温暖的东西。这种蜕变，你自己很难知道。但我就知道，发生在我身上的这个变化真大！那已是又一个十年过去。实际上，这种感觉对我来说，我觉得像是在苏醒，可能在我童年，甚至再小一点的时候，就已经有了。接下来，你经历社会的巨大变动和青年的愤怒阶段，有很多新的思想被收进来，融合后会发生蜕变。蜕变之后，你还会回到一开始的那个原点。这是一个很漫长的过程。这个原点，就是一种普通的生活，但又不是平庸的生活。

心灵的谷仓

问：您的“后坞生活”可以说是一种乡村建筑艺术。这源自您的艺术涵养。听您谈起过，在艺术道路上，许多人对您产生过影响。譬如在美术方面，您为什么选择纤维艺术？您的纤维艺术作品大多是抽象的。请谈谈万曼和施慧对您的影响。

答：选择纤维艺术作为我进入艺术领域的路径，是源于万曼导师对我的影响。当时，他进入浙江美术学院，创立壁挂研究室，在中国搞当代艺术实验。没想到他的课被列为必修课，于是就开始了他一届四个研究生的教育实践。施慧是他首届最得意的研究生之一。

纤维是一种肌理。后来，万曼导师在世界各地开设研究课之后提出，从事纤维艺术，可以“不择手段”。纤维不仅仅限于麻、棕、纸等，还有更宽泛的材质。纤维艺术与当代审美相结合，

就出现了当代性非常强烈的纤维作品。这是对材料宽泛的认识。纤维艺术怎样去表达，是值得探究的事情。油画、摄影、中国画都有一个凝固的画面。纤维艺术也有画面，必须用手工去编。万曼是创立纤维艺术的第一人。浙江美术学院看重他的理念，经过实践，确认纤维艺术可以成为当代艺术的一种。万曼导师在法国成名。那是20世纪六七十年代，在欧洲水泥钢筋的森林中，他用自然的纤维填补空间进行再创造，去引导心灵的柔软，探索人与自然对话的表现形式。

施慧在毕业创作中，用麻编织出了甲骨文这个肌理，一看就是东方性的东西。我非常佩服她的才华。作为纤维艺术国际大师的弟子，万曼导师的第一届研究生，她得到了学院的认可。就这样，她留了下来，成了万曼导师的助理。我们叫她师姐。

在纤维艺术之后，我们发现装置艺术出来了。在中国，从纤维艺术发展到装置艺术，施慧是重要的推手。绘画性的画面走向肌理表达的纤维，走向墙面，纤维艺术从墙面走向立体，

就成了装置艺术。在国际纤维艺术三年展落户杭州的过程中，施慧有重大的贡献。这是本土艺术家里面走出的新人。后来，我们在巴黎、法兰克福、北京、上海都看到了装置艺术。装置艺术之后，影像艺术又出来了。这时候，我们看到当代艺术的产生令人目不暇接。

在这个过程中，我认准了石油中提炼出的化纤，就是以前我们说的开司米。它很蓬松，色彩斑斓，几乎想要的色彩都能找到。我的纤维语言，首先是用来表达山水，对山脉隆起的纹路做表达。我用画布做最里面的底纹。这是我的肌理。我们十二个学生在纤维艺术语言的表达方面，可以说各有特色。

梁绍基先生跟万曼老师一起共事。他的纤维艺术体现着中国式的禅意。在我的纤维艺术里面，多样性技术——果绣、底纹、垂丝、框编，形成一个系统。在杭州师范学院、浙江丝绸工学院，我都承担过选修课教学。后来选修课没有了，我就渐渐淡出来了。

施慧借力威尼斯双年展，将国际纤维三年展艺术活动拿到杭州，落地中国美术学院本部，本身就是她巨大的作品。从20世纪80年代中后期到2000年前后，纤维艺术有一股潮流，以清华大学美术学院的林乐成为代表。我位于末端，是在最晚的时期。

纤维艺术弥漫着艺术性，其文化属性也很浓厚。但它有个前提，也是它最大的特点，就是必须悬挂在巨大的当代建筑里，才能产生效果。我亲自搞的莫干山乡村旅游建筑，体现不出效果。莫干山有很多竹子，我就使用了这个肌理，让阳光透进来，形成视觉空间。这是对纤维艺术肌理的运用。

无论是纤维艺术还是乡村旅游度假业态，我们服务的目标，始终是为了让生活更美好。

问：任何艺术都是心灵的表达。艺术作品本身是创作者内心丰富世界的映照与表达，同时，又成为吸引、启发心灵的媒介与呵护、塑造心灵的营养剂。这么多年来，您一直在寻找、重铸怎样的心灵？您认为自己的心灵是完满的吗？您认为哪些词汇是您人格的表征？

答：首先，完满是不可能达到的，肯定有残缺。譬如，对油头粉面形象的人，我从内心里就排斥。这没法解释，可能是天生的。跟有些人对话很难。比如有的人以行政的思维审视乡村旅游业态，我是无法妥协的。有些官员一看就是政客，来我这里，指手画脚地说："这个美丽乡村产品有什么好看！"这样的人，我巴不得他早点走！这应该说是我自己的缺陷。生活中要允许这些人存在。我的东方智慧没有修炼到家，这是我的缺陷。这个缺陷，就让它存在吧。不知道我到 70 岁时能不能把它化解掉。人生路上一边走，一边做事，很多都还没有达成。至于什么时候能修炼好，我也回答不出来。

今天傍晚，母亲对我说，本来有很多话要跟我讲，听到我晚上又要去哪里，又不知道从哪里说起，好像我这个人始终在路上。知子莫如母。我这个人就是没法定格。很多人到了我这个年纪，当了副处长、正处长。他们的职位和年龄都是可以设计出来的，而我不需要设计。有一次在外面上课，有些"90 后"说："'旅长'，我看你激情四溢。"我说："是的。我到 70 岁，还要做事——不可能不做事。"早上两个半小时，我的工作是高效率；下午，思维迟钝一点，就喝杯咖啡。我想：到 70 岁会不会妥协？或者，到 75 岁会不会终结自己的思想？中国美

术学院有个老师叫沙耆，被称为中国的梵·高。对这个现实我们很难接受，可以说是心里不服气吧。但你什么时候成为沙耆，你自己也不知道。所以，我肯定是有残缺的，根本达不到完满。

2002 年，我在丽江过春节。正月初一，主人在院子里准备了很多东西。他说："你从浙江来，到这里过年。我是从内蒙古来的，开着桑塔纳，来了就不走了。你见过彩虹吗？你见过两条的彩虹吗？我在沙漠中行走，见过三条的。"我顿时觉得这个话题有意思。关于人格的完满，我想起一个自然现象——日月同辉。日月同时出现，日光与月光的美调和在一起。如果人有日月同辉的人格，应该是完美的。一个人如果同时具备男人和女人的品格，或者做到了孔子说的中庸，我认为是最好的。

问：虽然您从事纤维艺术创作，又是乡村旅游业态的“摇滚者”，民宿产业的“教父”，但在与您交流过程中，我发现，您的身上存在着一种传统文人的精神品质，譬如，您现在的生活——打坐、禅修、瑜伽、修习汉隶、大量阅读等。您这种丰富的文人意趣，从何而来？

答：五十岁时，我发现自己对中国传统的山水有了新认识。回去看杭州，发现杭州是一个巨大的山水盆景。在这个过程中，我读到李渔关于造景造园的文章。李渔到杭州时，身无分文。但有人给他供地，有人给他造园子，奠定了他的江湖地位。他的身上有着浓厚的文人性情。李渔每天一开门，都要将书、桌子、物品打扫一遍，把地扫一遍，并跟它们对话一次，表示我来了，我们是在一起的。这很厉害！这是对物品的尊重！这是传统文人的品质！

李渔的故乡是浙江金华。前年，金华市副市长过来看过后坞和知了帐篷后，很快发了一个文件。他说：“你一定要来金华看看。金华还是盲区，没人动。”我去李渔的故乡看了一下，当地人对他很尊敬。

梦境与命运

问：您来到后坞做过梦吗？生活在竹林中，您是否有厌倦山林清寂的时刻？您用双手书写了自己的命运。您觉得自己完全找到想要的人生了吗？

答：对这个话题我很清晰。

首先，我们现在是“路过后坞”，肯定是没有终点的。对目前的情况，我一点厌倦都没有。如果说后坞是一份试卷的话，现在估计能打六七十分，没做完。什么东西要做，我知道。做完了，自己会不会厌倦，我不知道。我就像切·格瓦拉。卡斯特罗革命成功后，任命他的猛将切·格瓦拉为国家银行行长，后来又任命他为工业部长。意思是他乐意与这个革命伙伴共享胜利果实。但切·格瓦拉并不满足于此。他要重归山林，要打游击，要为自由、民主去继续奋斗。在事业上，我认为，自己起码现在还未完成。

这次雅集，我体会到，在竹简书法上要形成自己的语言。我认为平时的修炼还是有用的。一位旅客说：“‘王旅长’，深圳文博会，你要参加，推出你的旅游文创产品。”竹简与我的文创产品，是我的小菜园。我希望在水墨艺术与当代艺术方面，出一批作品。是否能重归浙派当代山水水墨，我不知道。但是我会持续做下去。可能到 60 岁的时候，就能拿得出手了。

到七八十岁，我认为也要去做。纤维艺术很麻烦，学校不开这门课了。但是我有很多助手，还在民间。当时，我从西藏回来。马云的一位助手收藏了我的一幅作品，她也积极促成马云的阿里巴巴总部与我合作。当时我们准备搞“春”“夏”“秋”“冬”四幅作品，八平方米一幅，但是后来没搞成。如今，我打算用水墨去做。

生活在后坞，在不厌倦的情况下，我会持续不断地去做我认准的一些事情。做完，也不知道会不会厌倦。

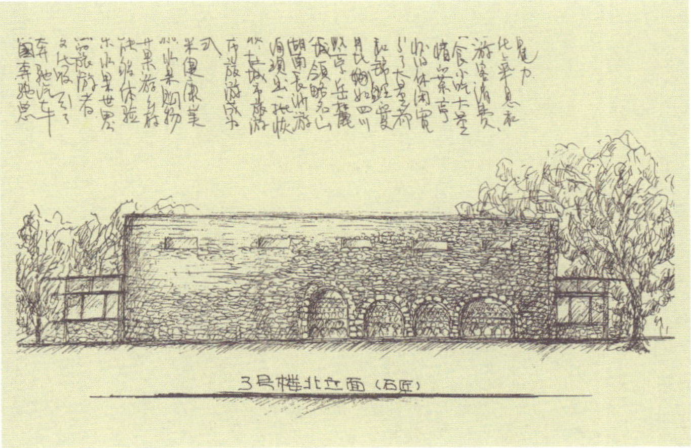

事·业

Career

王天鹏在他50岁出头的年龄，迎来了事业上的高峰期。作为具有创造性的审美眼光和创作热情的乡村旅游业态开拓者和美丽乡村践行者，他的作品受到了多地政府的肯定与热赞。他的身份因此发生了许多变化：在中央电视台财经频道、中文国际频道的拍摄镜头下，他是一个乡村旅游度假酒店的建造师、执业师；在政府官员的眼中，他是民宿旅游业态的“教父”，是美丽乡村的规划者和项目实施者；在众多民宿投资者和经营者的眼中，他是富有实践经验与理论支撑的双料教授。笔者在这样一种背景下，采访处于人生事业高峰期的“王旅长”，听他梳理多年来的事业经营轨迹。这让我想起他的一幅作品：《从混沌到秩序》。

从混沌到秩序

问：我认为，您的人生与事业，可以用您的一幅纤维作品名字——“从混沌到秩序”来概括。今天，您如何回头看待当初处于混沌状态的自己？

答：很好，您对我的解剖很深、很准。这幅作品，是 2004 年的作品，是对十二年前我的人生与事业的一个解读。当时，我在四眼井青年旅社画廊做了一个纤维艺术展。当时华数 TV 刚开播，对我做了一个专访。那看似是给学生讲，其实是给自

己讲。2004年的这幅作品，讲天圆地方。它源于闭关三年的感受。那时候一切还只反映在思想上，没有体现在作品上。那是一段混沌期。

问：从混沌到秩序，是大自然的法则。当前的您处于这条道路的什么阶段？

答：现在出现的混沌，不像以前的混沌。我的人生和事业，从混沌到秩序，再到混沌和秩序，是呈螺旋式上升发展的。

当年我在青年旅社里搞纤维艺术展，《杭州日报》《青年时报》的不少记者来看新鲜。我同学发现，青年旅社也可以搞艺术主题。2007—2008年，我做了七八次主题艺术展。有的老师就带学生过来了。浙江工业大学来了50多个学生。艺术创造了无限的可能。我在青年旅社做了水系统。阴沟和阳沟，是简单风水。我制造了一个水源，水没有外流——就是财不外流的意思。四合院要借天地灵气。学生很奇怪：你搞纤维艺术，怎么搞到风水上去了？学生注重形的问题，他们觉得真的就是这么回事。浙江大学的学生也过来做了一个德语与法语的联谊会。我为他们准备了自助餐。

只要你是金子，总会有发光的时候。

问：我知道，“后坞生活”不可能是您的终极秩序。秩序和混沌是相对的、不断变化的。您来到后坞之后，又出现了一些混沌的情况吗？您如何看待这种混沌？您如何处理混沌与秩序之间的关系？

答：现在，我将这段经历定位为“路过后坞”，说不定以后，“后坞生活”突然就没了。我不要定论。我的事业始终在路上。我的人生，一定要到盖棺才能定论。

年前，我去了趟泉州。一位副市长是旅游学博士，与我聊了一个小时。他说，和蔡国强约好了，在海边做一个艺术馆。他要用名人效应做旅游。蔡国强是国际公认的艺术家。继2008年奥运脚印焰火之后，他用火药在西湖创作行为艺术。他的艺术样式慢慢被国人接受。那天，我没有见到蔡国强，但是我可以看到他的文章和著作。这位副市长说："这个艺术馆由蔡国强设计，把各个时期的行为艺术的原迹都放在泉州。那么，蔡国强会不会定居在泉州？"蔡国强没有说，官员们也不敢确定。他们的意思是说，我们花这么大代价造了艺术馆，艺术家不在这里，有什么意义？泉州这么多华侨，只要把根留在这里，他们就会衣锦还乡，带回经济效益。后来我去看了闽南的一个博物馆，关于客家文化的。看后觉得，民俗文化和艺术完全是两回事。艺术家怎么锁得住呢？艺术，是最讲究心灵自由的。想

用艺术家的作品把艺术家锁住，我认为是不可能实现的。

我的“后坞生活”也是这样。“后坞生活”是我的作品，但我不可能被它圈住。以后我在哪里，我不知道。我只知道杭州的夏天不能待，杭州的冬天我不喜欢。我的名字中有一个“鹏”字。可能我会像候鸟，在夏季的新疆生活两个月，在冬季的北海待四个月。在那边，与乡土碰撞后，会产生什么，我不知道。艺术家到这个程度之后，可以说，传统的诗意都没有丢。

所以，“后坞生活”不可能是我的终极秩序。我不喜欢秩序的东西。我就一直处在混沌与秩序之间。我认为这种状态才是我想要的。

这让我想到那天的雅集。那天，我一直在磨墨。磨的时候，要定神，不能太快。有人建议我直接把墨倒下去写。也有人说：“‘旅长’，我给你磨。”我说：“我要自己磨。”我盘着腿，慢慢磨。我认为这和做事是一脉相承的。你思维没有这么活跃的时候，只能读一本书，写一段话。写书法，慢慢地来，也很有味道。

师化自然

问：您是个热爱自然的人。在一片竹林之中建造房子，这样的构想从何而来？贝聿铭、安藤忠雄、隈研吾、王澍这些建筑师，对您的设计与建造产生过怎样的影响？

答：这个话题很轻松，我很喜欢。

其实有时候，我寻找创作手法、灵感的时候，它们是融会贯通的。

贝聿铭是个建筑天才。他的作品有肯尼迪图书中心、香港中银建筑等，都结合了风水与当代科技，在中国具有很大的影响。我对这个人感兴趣，是在我看了他的封笔之作——苏州博物馆之后。他是一个华人，在世界各地生活了那么久，最终总结自己是一个中国人。他用东方诗话演绎了一个个作品。他的手法很现代，是我一直追求的。他在80多岁时还做了苏州博物馆。这是他对人生、对祖国爱的艺术表达，非常值得我们尊敬。

我在苏州博物馆里看了三天，欣赏其民俗性跟东方诗性的表达。贝聿铭的设计，运用自然光，讲究格式化。譬如他会设计一个这样的咖啡酒吧：这个位置是专门给你喝下午茶用的，因为在这个半年之内，下午两点半到四点，太阳光会照着这里。我觉得他很厉害：他通过阳光直射的经纬度，计算出你与阳光相遇的时间，并把你在阳光下的生活设计出来。贝聿铭的精准，结合东方风水，富有当代性，又流露着东方性。这里还要说两位艺术家：一位是赵无极，一位是朱德群。他们的画有明显的中国韵味，西方人画不出来。他们的当代国际性为什么运用得那么好？这是我要追求的东西。

安藤忠雄，他一生最大的成就是用清水泥做表情。他可以做到极致。他其实玩的就是肌理，像玻璃一样精密，接缝就是

他的语言。我呢，用夯土，把土坯墙的毛孔作为我的肌理。它防潮、吸水、吸声音、不会掉，除非是有洁癖的人会说这个很粗糙。安藤忠雄把清水泥做得毛孔都没有。人们都想不到水泥表情可以做到这样清爽。安藤忠雄很值得尊敬。

隈研吾的创作理念，源于1996年大阪大地震对他造成的思想冲击。混凝土钢筋那么强大，依然敌不过地震。他与父亲临终前的一些交流，使他悟到了人要尊重自然。现代化只能是对自然的伤害。这是20世纪80年代中后期当代艺术家共同的话题。隈研吾的建筑语言是朴素的。在做“后坞生活”之前，我吸收了他的一些理念。

王澍对中国美术学院象山校园一期、二期工程的设计太厉害了！当时的情况是资金微薄——每平方米只有两千元的预算。建筑师伤透了脑子：就是单将水泥板搁在一起，也超过这个预算，更别说还有这么多乡土元素要用进去。他就凭现场直觉，砍掉木门板，拿掉高层外挂楼梯上的不锈钢网，就这么一下子省下了两百多万元。

我们的纤维艺术，一定要放在建筑体里。所以我对建筑好奇。我在进行乡土实践的时候，别人以为我学过建筑，实际上我没学过。我没学过混凝土结构，有时去验证的时候，还要修改。现在我与很多科班出身的硕士、博士一起合作，一起

研究，有些项目我们一起做。我在江苏的两个建筑，都是这样，在进行混凝土与乡土的柔软结构结合实践的时候，一边做一边修改。这样，我的丰富性又提高了。我提出一个概念：曲线四合院。我们的四合院是方正的，我把它做斜。这个地方，以它的经纬度，它的日照时间，一般冬天是六个小时。做斜以后，通过虚实关系的掌握利用，日照时间可以达到八个小时。

在这里，我要说一个人，就是蒙德里安。他是一位思考比较多的艺术家。他们那批包豪斯系统的艺术家当初都在德国，因为二战去了美国。我对当代艺术的认识，从包豪斯开始。20世纪二三十年代，艺术融合设计的先驱就在这里。蒙德里安把文艺复兴时期的哥特式建筑、拜占庭式建筑、洛可可艺术、巴洛克艺术，全部用他的方式颠覆。这个不可思议。

我们回到人。我接触过很多“80后”，很多人不愿意和父母住在一起。精英群体在寻找自我价值的时候，需要用乡村生活来填补他们的空间。我借助业态去了解这个群体，了解他们内心的困惑。这批客人找你聊天，是向你倾诉。这批人再过十几年，成为国家顶梁柱的时候，我们将富有东方性的产品交付给他们。客户的成长，让你觉得，在探索的过程中，始终有市场伴随你，你的市场很庞大。这个就源于混沌和秩序。

问：是什么原因使您喜欢在后坞播放恩雅与小野丽莎的音乐？您希望在后坞营造一种怎样的意境？给客人提供怎样的空间？您喜欢有山有水的地方。您觉得自己找到中国古代山水的精神了吗？

答：我们现在播放何训田的音乐的时候，明显感觉民族性很浓，但当代性就不够。很多人会联想到，它是寺庙里的东西。但是何训田的早期音乐，其实有当代性。譬如《云中》这个作品，就很空灵，我很喜欢。

小野丽莎的音乐，始终给人巴西热带雨林的感觉。我在香港、巴黎、北京听过她的七八次现场演奏。她的音乐调性简单，舞台很复杂，但是她的音乐的美就在于调性简单。像交响乐、史诗性的东西，听起来太沉重、太严肃了，要穿晚礼服去听，太麻烦。人家在我农舍的咖啡吧听小野丽莎的音乐，觉得恰到好处。西方人来，觉得很舒服，有归属感。

关于山水精神，我认为必须尊敬山水，敬畏自然界的一切。生活在竹林里后，我觉得自己的人格在升华。路上的小野花，我觉得比公园里的鲜花美。有一点，我印象最深的，是小草对土地、对自然的修复功能特别强大。一大块石头，只要有一点缝、一点阳光，就可以长满小草。文学家的诗歌所表达的，我突然认识到了。在我的手法里，能让它长草的地方，我尽量让它长草。有树的地方，我的建筑肯定让着它。有等高线，基本上不去拉平，原来怎样就怎样。其他的，关于山水，从大格局去讲，我 50 岁了，对山水有大感觉了。而以前，爬山就是爬山。

我在一篇微信文章里，把自己炫了一把。莫奈在巴黎郊外一片池塘里种了睡莲。我觉得他在池塘边上的房子跟我的房子很像。我用草房来探索我的未知。我在这里把伟大的人与我这个小人物扯在一起。

文化复兴与社会责任

问：在“后坞生活”作为民宿品牌产生广泛的社会影响之前，您认为自己是个有社会责任感的人吗？“后坞生活”帮助您实现了个性与社会责任的完美统一。您如何看待社会责任？

答：我认为个人价值的体现，在“后坞生活”的实践中，超过了我的预料。社会将我放大了，比我想象中的要大。通过这样那样方式的传播，包括出去讲课、去很多地方政府座谈，我觉得自己的价值得到了认可，也觉得确实应该分享一下经验。

说说责任感。我去的地方有的太贫穷了。像湘西、四川一些地方，去了之后，很多干部希望通过民宿产业致富，使落后的面貌有所改变。我帮助他们是出于同情弱者，没有政治目的。其中，湘西有一个地方叫云端。云端的苗寨，海拔六百米，是湖南省副省长蹲点的地方。一个村，有740多人，462人在外打工。一个乡镇书记带我去那里，明显看得出，她的脸上有很多无奈。当时村主任带我转了一圈说，政府也花了一些钱，但久久不见起色。我跟宣传部讲，你们宣传部先要利用有利条件，去宣传这里要发生的事情。年轻人在外练功夫，不仅仅是求生。节假日，其实客户在了，你们没产品，所以留不下来。他们很快把资料发给我，我想了很多办法。我跟干部说："你要把档案调出来看看。"从档案知道，462个在外打工者，大部分是"80后"。很多是做服务员、厨师、美发的，还有做裁缝的，都可以用得上。我说："要号召他们回来。现在农村里小微贷款也有。很多便利都要利用起来，当年就可以设立产业基金。入住率达到50%的，可以奖励。"结果，八个月就有起色了。湖南省政府办公厅发函给我，希望我再去。湘西土家族苗族自治州一位副部长带了几个县的干部过来，说要我给他们讲讲。一个县里的土家族土司城，国际申遗成功了，他们发函给我。类似这样的情况很多。正式发函给我的时候，我感到自己的价值受到重视。

还有，就是留守儿童与孤寡老人的问题。刚才讲的是个人价值与社会责任。其中，湖南省有一个叫通道的地方，在那里，八九十岁的老太太还在干针线活。那情景真是太美了：都是以前的形态，改革后的痕迹一点都没有。我跟旅游局长说："这种地方，不敢动。弄不好，会有败笔。"

问：莫干山以前有"洋家乐"，比如著名的"裸心谷"之类的度假酒店。政府为什么唯独对您的"后坞生活"感兴趣？您觉得"后坞生活"把准了当下乡村复兴的哪一道脉搏？

答：政府对外国人来办民宿有不满。在这里，需要提到一个人物——曾梵志。2000 年前后，我在上海漂了一段时间。有一栋楼，24 层，聚集了一批有才华的艺术家，就像美国纽约格林威治艺术城一样。上海 M50 创意园的人看到曾梵志的画，评价道："太棒了！"他画你的像，一个系列画出来，用油画，湿的时候，打破，再重构，妙不可言。他把秩序打破重构，其实运用的是油画的肌理。他是在世的艺术家，他的一幅作品在嘉德拍到两亿元人民币。后来我看到一个圈子里的文章说，他其实被美国金融猎头控制。他们的意思是，中国当代的艺术可以卖到这个价，中国艺术的标杆就是曾梵志。在中华文化的复兴过程中，这样的作品肯定会被淹没。水平很高，但不至于用价格来确定价值定位。我认为这是将艺术玩到泥坑里了。

我觉得自己只是在弘扬中国传统文化的当口在后院做了一点点事，但我觉得还是有正能量的。我们在后坞翠林中挂一面

红旗，一抹红——我是从色彩的角度去考虑的，也有国家的自豪感在里头。

问：“后坞生活”现在已经成为一个民宿品牌。您下一步打算怎么做？

答：“后坞生活”现在是一个民宿品牌。我仍然愿意顺其自然。首先我不复制，不搞品牌连锁。在不同的地域、地貌，譬如湖泊、湿地、海边、山岗、高地、窑洞、土楼，只要我有兴趣，并且这个地方更带挑战性和丰富的可操作性，我就用通用的艺术手法，探索多种艺术作品的可能。

我们中国有那么丰富的地形地貌，有那么多可生活的地方。窑洞我还没住过。山西省靠近陕北的地方，曾有人找我做窑洞的改造，只可惜那窑洞不典型。但是我会一步步深入下去，因为那里确实需要发展。做不同的设计作品，可以了解不同的民俗习惯。每个地方，现在存在的，不能让它消失。这是必须注意的方面。

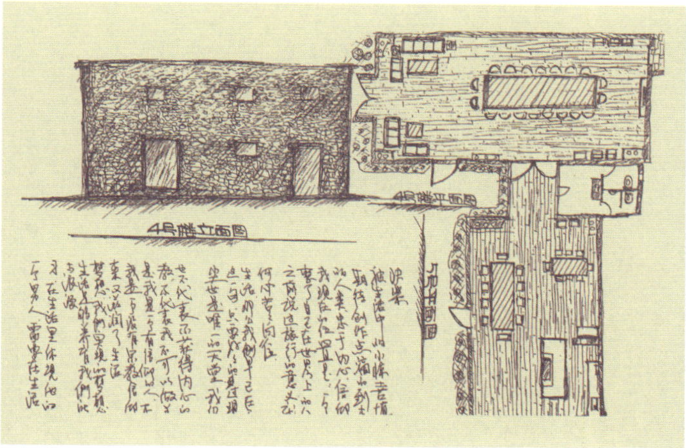

场·景

Scene

身处莫干山萧然竹林之中的“后坞生活”，就像在一卷南宋山水画中悠游漫行。与竹为友，让人想到“竹林七贤”，想到“宁可食无肉，不可居无竹”的苏东坡。“王旅长”将自己现实中的安家居舍与梦想中的灵魂寄托之地置于这样一片漫山竹林之中，通过点点滴滴的构思、创作与实践，逐渐实现了与城市生活遥相呼应的生活梦想。而这种交叉与错落，是在一居一舍、一草一木的构筑之中实现的。

和“王旅长”的交谈，令我深切地感受到，他对自身作品那种深入灵魂的思考，以及将构想变成现实的喜悦。现在，就让我们跟随他的思想，对“后坞生活”的建筑组成逐一作分析与解构。

乡村酒吧

许多地方政府官员来到“后坞生活”参观考察，首先会驻足“后坞生活”的乡村酒吧。这个酒吧既是旅客们喝咖啡、聊天、品酒的地方，也是吃饭的地方，还是接待学习团队用的会议室。走出酒吧，来到阳光餐吧，也可以三五成群闲坐，远望青山翠竹。

在王天鹏的指引讲解下，我逐渐理解了他的设计理念——那就是，所有的空间都要让它尽可能产生效益。这个乡村酒吧便是多功能结合空间的典型案例。

乡村酒吧的所在地，住的原是一户养猪、杀猪的人家，进门处是个院子,有三间正房。这三间房与隔壁四间房正好是邻居。王天鹏将邻居的房子租过来之后，将它们打通，凿了一个两米宽的门洞，形成互相通透的组合。用外面晒谷场做的阳光吧，大概四百平方米。酒吧占三间，自助餐吧占四间。这个自助餐吧，在民宿里有一定格局，一次可以坐五六十个人。在民宿里很少有这样宽大的吧。

原房屋是猪圈兼屠宰作坊，房子太矮。王天鹏将它们拆掉重建。建筑风格基本上保留了五十年前的土木结构，保留了原汁原味的乡村元素。所有的木料都从旧货市场收购，吧台的台面，用饱经风霜的老木板、老门板做成，年轮和沧桑感很清晰。所有的木地板都用上等的木料组成。大餐桌由四张大门板组成，是从农村收来的，形成了一个有浓郁乡村风格的自助餐台。上面的吊灯是用竹子原创做成的，国内见不到第二家。除了主灯之外，旁边还有辅灯。辅灯下面，有两组餐桌，可以容纳 20 个人。墙面都用泥墙夯土建成，用泥沙手工抹成，毛孔清晰可见，有吸光和吸音的功能，梅雨季节可以防潮。

自助酒吧与阳光餐吧，在设计上一虚一实，一里一外，在视觉上保持丰富的空间感。咖啡吧的第一功能是接待和预订。在这里人们可以喝咖啡，还可以吃本土的野生猕猴桃，喝野生杨梅酿造的酒。西方人极其喜欢它。在“后坞生活”的乡村酒

吧里，在温暖的土墙、坚硬的石门、暗褐怀旧的木屋顶与梁柱下，随意摆放着大小花朵相间的白底帆布的沙发，大玻璃窗内悬挂着粉红色的丝帘。夕阳下，丝帘显得暗淡而沧桑，与这里怀旧的气氛相映成趣。从阳光房的巨大落地大玻璃窗望出去，对面是森渺浩瀚的竹林。面对青山，来一杯咖啡，与朋友、家人坐在花朵散逸的沙发中，享受阳光、音乐和下午茶，看慵懒的猫倏地跃起于方形茶几的一角。

咖啡酒吧比较注重文艺性。王天鹏特意做了很多书架，客人来的时候，可以去公共空间阅读。墙上的照片，拍的是来自世界各地大学的交换生。他们来自法国、美国、意大利、澳大利亚、瑞典、荷兰等很多著名的学校。“后坞生活”跟这些学校保持合作与联系。这些学生团队来到“后坞生活”度假体验以后，王天鹏都留下一些他们的照片。他们以探索的心情来，以愉悦的心情回。

王天鹏指着一张方形的矮脚八仙桌，介绍它的来历。这原是一户杀猪匠的八仙桌。因为杀猪的时候，要将猪扔在台面上，所以桌面已经磨损得很厉害。王天鹏将桌子腿锯短，在桌面上斜着镶嵌上木条，一张具有线条视觉肌理的咖啡桌就形成了。几何纹理与雕花共存，体现了当代性与传统工艺的结合。原来的八仙桌四边，配的是小条凳，人坐着会觉得硬且屁股冷，而搭配上温暖的沙发就不一样了，就增添了当代生活的舒适度。

我曾经在大厅看过团队游客用餐的情景。大伙儿围着中间用厚木板钉制的巨大餐桌，享受“后坞生活”清简新鲜的食物。有一种蔬菜小火锅，是“后坞生活”的独创食谱。高汤盛置在小锅里，十几道切好的蔬菜盛放在竹管里，自己随意煮，随意吃。

也有前来学习的团队，譬如上海美术学院的学生，全国各地前来参观的政府干部。王天鹏会将视频银幕放下来，播放当初设计和建设“后坞生活”的过程。王天鹏还在此讲课。此时，这里又变成了一个文化艺术交流的场地。

竹 径

“后坞生活”在建造上，运用的是“因势布局”的原则。因为它建在坡地上，曲迂回环的竹林小径是沟通其间的亮点。每每走在石径上，听竹声入耳，有一种潇洒出尘的感觉。石径两旁撒落了许多凤仙花、鸡冠花的种子，让人想到江南的乡村。我特别喜欢站在泥屋下的凤仙花丛中留个影。

王天鹏带着我们来到一个通往露天剧场的路口。萧萧竹林之间，是一条石径，曲径通幽。小石阶路用的全是莫干山的石头。这些石头大小不一，没有经过规则加工，就那么自如地排列。中间的缝隙被填上泥土，小花小草从里面长出来。没有什么比一条花草相伴的小路更令人欣慰的了！平时，你可以穿一双布鞋，在干净的泥石小路上走；脚下踩着几棵青草，边上有几星小花；抬头向前看，满眼都是翠绿而茂密的竹林。还有什么比这更令人心旷神怡的呢？

狭小的路径令人仿佛走在一个竹林环绕的洞穴里。在去往露天剧场的路上，我们不禁神往：那是一个什么样的地方呢？这条小路依山而建，高高低低，错落有致。走在这条斜斜的小坡上，一会儿上两个台阶，一会儿下两个台阶。王天鹏设计的台阶，它的高度，就是一抬脚就能到的高度，不陡，很平缓，往下走时也没有急冲向前的感觉。走在上面，很稳，很轻松，怡然自得。走到了露天剧场，就像一下子出了山洞，一眼望到平原，给人一种豁然开朗的感觉。

夏夜，在后坞的竹林中，总能看到萤火虫的行踪。这种会发光的小精灵，只在安静的深夜亮起微弱又绚烂的光。夜半，当村庄的路灯按时熄灭，小溪流经的田野就是它们的天堂。

露天剧场

我对“后坞生活”的露天剧场特别感兴趣。它的看台是整块的石头砌筑的，环形围绕，中间是裸露的泥土地面。夜幕降临，大家在这里观看露天电影，看台石阶上就铺满了殷红色的沙发垫子。翠竹摇曳，星空浩渺，银幕上跃动着影像，就像小时候在鹅卵石滩看电影，又像是古希腊的露天剧场。竹林里传来翠鸟的叫声。人们一边看电影，一边窃窃私语。在星光下看露天电影，真是久违了！

环绕着剧场的一侧，王天鹏又设计了吧台和早餐厅。在中间的泥地面上放上餐桌，盖上雪白桌布，然后开启香槟、啤酒，这里就成了酒会、宴饮的所在。王天鹏经常在这里举办主题雅集，主题有养生、书法、文学、影视、手工等。四面八方的游客住到这里来，通过各种雅集活动，促进交流与联系。此时，露天剧场成了一个文化交流的场所。

夏天，想感受山中清凉的人们喜欢在这里用早餐。褐色玻

璃藤条的小茶几一张张摆放在梯形坐台上，人们坐在垫子上。王天鹏和伴侣谷田老师，也会带着他们雄壮的长毛大犬，在这里用早餐。这里竹林萧萧，山谷静寂，鸟鸣空灵，琴声悠扬，使人的身心与自然融为一体。来自世界各地的人们汇聚到这里，享用当地的一块甘薯、一个玉米、一碗稀粥……在剧场中享用清凉早餐的感觉，真好！

游泳池

2016年，王天鹏在两栋黄泥茅舍中间选址，挖筑了一个长达25米的游泳池。这个游泳池最大的特色是水完全用山泉灌注。在泳池围筑的墙体一边，中间留一个缺口，水溢了出去。

泳池和泉水吧连在一起。水吧的户外，林木萧疏，通过曲径通幽的石阶，进入泳池。进入泳池的路上，有很多设计——有警示标志，告诉大家注意什么，还有露天中消毒淋浴的凉棚。

大泳池也在竹林里，用原生态方式营造。地上铺着沙，沙里长着草。这种野趣，重归乡村的感觉，都市里无法寻觅。游泳池的造型很粗犷，四壁镶嵌着鹅卵石。泳池四边，都是沙地和草甸。几张太阳椅搁置在草地上，四周是翠绿的树木。听着悠扬的琴声和悦耳的鸟鸣声，人们在泉水中游泳，就好像在天然的小河中悠游徜徉。还有一个小型的泳池，四边铺着木地板，干净整洁，和大泳池的乡村草野互相呼应。小朋友在阳光下戏水，像小鸭子一样自由自在。

夏天的莫干山，最惬意的莫过于与泉水在一起。王天鹏常换上泳衣跳下去，来一段蛙泳、仰泳、自由泳，享受自我创造的空间。

当天边晚霞的最后一抹绯红褪去，天色渐渐暗下来，手工坊暖黄色的灯光就会照亮去往泉水吧的石阶。黄昏时分，蝉声四起，在万顷竹海中奏起夏夜合唱曲。这时，泉水吧的露天电影便开始了。

禅房与水吧

王天鹏总能敏锐地嗅出时代发展的特征。他是一个跟着时代节奏走的人，尽管他身处山林。2016年，他在“后坞生活”开辟了禅房和水吧。禅房是一种典型的东方文化空间。此前，“后坞生活”从大厅布置、露天剧场的开拓来看，都是西方化的。所以，前来休闲度假的国外旅客很多。而如今，王天鹏的格调正悄悄地向东方文化回归与靠拢，有了竹林、汉简、禅房、水墨……“后坞生活”拥有了众多的东方元素。

“后坞生活”的禅房，搭建在竹林掩映之处。一间间的茅庐小舍，只有竹枝与茅草覆盖的屋顶和光滑朴素的地板，中间则披拂着粉红的纱帐。一个个布衣粗服的人，盘膝坐在矮几前，喝茶练字。每天，王天鹏都在禅房里静望远山，练习瑜伽。虽已年届五十，他还能将双腿劈成“一”字。

泉水吧的水来自山泉。冬天是温泉，夏天是清泉。这是王天鹏在竹林中打造的一个隐秘区域。你可以在棕榈树、桃树隐约纷乱的树枝纵横间，踏着花草小径，进入泉水吧这样一个私密的一百多平方米的空间。所有的陈设都用废弃的木头，包括二手市场收回来的一些老木头改造而成。室内很安静，是吧的形式。在这里可以喝茶，可以喝咖啡，可以吃一些甜点，可以做一些互动游戏，可以促膝谈心，可以修禅，可以练瑜伽。空中悬挂着白胚的纸伞，可以在上面绘画，给客人一个创意空间。一些精英团队，离开都市的会议室，可以到这个自由空间里来，放松身心。这个山林幽僻的空间与钢筋水泥空间形成强烈反差，避开了流水线式的工业化。很多木头营造和乡间土石都保留在这里。室内陈列了王天鹏的摄影和绘画作品，包括一些竹简书法。在墙的一侧，另外开辟了一个小空间，可以禅坐，布置有席地的布艺花卉沙发靠垫、小方几，大家可以坐下来交流。室内有个干蒸馆，进入冬季的时候，通过电加热，卵石到了高温的时候散发出热量，可以使人出汗。

手工布艺坊

手工是“后坞生活”度假休闲的一个项目。“后坞生活”曾作为上海艺术学院的一个实习基地，为学生提供竹制品设计实习课程。进入“后坞生活”的旅舍，你会看到每张桌子上都插着布艺花卉，温暖而别致。有的花卉与大自然的松果、树枝搭配在一起，与这黄泥土墙老木质朴的空间特别协调，使人融入怀旧而平和的美好时光。

女主人谷田老师的布艺花卉是装点“后坞生活”空间的一个亮点。棉质花卉、山间松果、石头成为艺术加工的材料，带给人温暖朴素感。这些手工布艺制品，真是琳琅满目。除了手工布艺，“后坞生活”还创造性地开拓了几种手工体验课，包括龙猫圆木片、手绘竹扇、创意石头画、植物敲拓染、植物标本画等。

谷田作为手工布艺设计者，喜欢布衣布鞋、手工毛衣。她二十几年前设计编织的毛衣现在依然时尚经典。她于 1990 年创办的“江南布行者”手工坊，更像是城市中的大客厅，让更多布艺爱好者可以相互交流，沟通学习，共度柔软时光。谷老师喜欢朴素的生活，追寻鸟迹鱼踪，不因为过去、现在和未来而烦恼。她回归自然，写意生活，愉快做事。同城市生活相比，她更喜欢乡村生活。她是“后坞生活”的实践者，时刻展示着她的生活状态。她自然真实，更乐意邀请客人参与其中。

她深谙：“洋家乐”也好，民宿也罢，或者是个性度假酒店，其宗旨一定不能离开主人的思想灵魂，不能离开当地的人文气息与自然资源；尊重自然，保护自然，顺其自然，才能长久持续。“生活离不开自然，人要在自然中精彩自己。”谷老师这样说，也这样做。

家庭房

“后坞生活”一共有六栋住宿楼。1号楼是最高的一栋，视野开阔，风景优美。6号楼最为安静，待有缘人寻幽探秘，找到理想中的林中木屋。3号楼与手工布艺坊相望，周围植被丰富。拾级而上，经过4号楼，便可抵达露天竹林剧场。5号楼位于“后坞生活”的中心位置，与游泳池、竹林SPA、露天剧场相邻。9号楼是酒店的主楼，在此可眺望远处竹林青山。

“后坞生活”的房型有农舍度假房、LOFT家庭房、庭院家庭房、温馨家庭房、帷幔家庭房、乡村标准间等六种。房间均是木头结构的怀旧空间。

家庭房设计特别到位，主人把握空间的能力让人叹服不已。许多酒店的房间设计，不讲空间感，平面乏味。而“后坞生活”的空间设计错落有致，不仅利用率高，充满层次感，而且功能突出。每个房间都有阳台，观景、泡澡、阅读和休闲相结合。一个家庭，只要一个房间就够了。

在“后坞生活”旅舍垂着帷幔的洁白大床上睡一个午觉，然后享用水果，倒一杯红酒，在阳台的泉水浴池中泡个澡，靠在沙发上，揭开窗帷，看窗外的梨树，叶子斑斑驳驳，飞虫在林木间穿梭，让时光在静谧中流淌，是一件多么惬意的事情！

工作室

一般的度假酒店，很少有像王天鹏这样专门开辟个人工作室的。可以说，有了这间工作室，“后坞生活”就有了灵魂。

在和王天鹏的相处中，我特别留意到，他喜欢跟旅客交朋友，乐意性情的释放与语言的交流，擅长讲故事，擅长表达，让旅客了解他的同时，他也走进旅客的世界，成为旅客的朋友。

王天鹏和他的工作室、爱犬、爱车、爱人，散发着共同的乡间艺术行者的气味。这是在其他度假酒店感受不到的。

在王天鹏的眼中，从传统文化来说，工作室就是文人的书房。书房是个非常私人的地方，在这里文人可以与自己的心灵对话。书房在传统文人那里，就是给自己一个书写、读书或者自由交流的地方。如今，当书房成为一个艺术家的工作室，把当代艺术植入其间的时候，它的意义就更加丰富了。

灵魂要表达，表达的方式有多种：文学家表达在文字上；舞蹈家表达在动作上……绘画艺术特别是纤维艺术，需要一个与山水同在、与天地共存、与春夏秋冬零距离接触的载体。这个载体王天鹏已经找到了，比如说，面前的竹简。竹简在纸被发明之前的一大段时间，是文字的载体。如今，王天鹏将它以活态的形式呈现出来，让他的生活内容与竹简的书写过程相映成趣。这也潜移默化地影响到很多的体验者，甚至有人专程为此而来。这样一种生活让他们惊叹——他们惊叹于人居然还可以这样生活。

王天鹏的工作内容，体现了文艺性。这个工作室处于“后坞生活”业态的最高位置。它隐身在竹林之中，被翠绿环抱。它隐秘、安静、三面通透，透过大玻璃，可以看到户外风景。借景是选址的主要考虑。从风水上讲，西北面靠山——西北面是实的地方，朝向东南。西边是大片竹林。在竹林中，你完全看不到房子。这种隐秘性是文人满意的地方。这里阳光强烈，地板上自然地长出了草。阳光好的地方，草就自然地长在绘画作品、竹简放置的地方。这是城市中看不到的景象。纤维原材料里长满了草，非常有意思。

工作室里挂满了画。其中，有一幅油画小稿，表达的是德国的一个小镇——拉姆绍的景致，是一张当地风光的写实作品。另一幅是王天鹏早期的软雕作品，是二十年前的手工，现在把

它裱在这儿，留作纪念。残荷摄影，是王天鹏这么多年在杭州的一个审美记忆。他觉得杭州是一个非常妩媚的城市，美到让你无处躲藏。他用凄美的方式，表达对杭州的审美记忆。有些照片记录了王天鹏的创业印痕。这张照片上的姑娘是他在杭州做青年旅店的时候第一位外宾入住者，德国人，名字叫Meirey。她住在青年旅社，最后没钱离开。王天鹏给她免单，并合影留念。另外还有一张照片是来青年旅社的艺术系学生的留影。那个时候，青年人都是喇叭裤、长头发。

王天鹏在这个工作室里做了很多艺术实验。有一幅画，表现典型的禅意。画面很简单，用红茶、绿茶跟咖啡的汁来形成水墨语言。通过视觉的方式，他做了一个系列。这是从味觉到视觉的综合展现。在当代艺术里，它令人感受到一种时空的变化。这是他在隐秘的工作室独处的时候做的一个实验。从味觉到视觉的艺术创造，可能还需要探索。

在王天鹏的工作室里，我们还看到一张巨大的设计草图。这是浙江台州最大的一个盐场，那里要做一个旅游综合体。那个地方台风多，王天鹏要用安藤忠雄的清水泥做一个盐博物馆。

他把自己素日里发的微信作品编成了小册子——也属于“后坞生活”的文创产品。每次做培训，都有大批人购买，形成一个产业链。他在乡村体验到了丰富多彩的生活内容，都用文艺性的方式去传播。当然，他在这里也接待了从全国各地来考察与学习的乡村度假旅游团队。同时，他的理念也获得了一些官方认可。一些共识都在他后来设计的乡村度假旅游项目中得到体现。他不断地接到邀请，思想在实践中不断提升。一些落后地区通过全域旅游的方式，拉动当地经济。所以，他关于乡村旅游度假的一些理念的意义和价值在不断放大。这个工作室成了让很多人了解他的神往之地。

其实，王天鹏在台州的一个半岛，还有一个 13 间老房子的创作室。2002 年前，他在欧洲巡回展出的、进行先锋探索的一些作品都在岛上完成。当然，他在莫干山的一些艺术创作还未完成，包括用屋漏痕技法去创作，表达春夏秋冬、风霜雨雪气象下的万顷竹海，等等。

竹林雅集

自洋家乐在莫干山发轫，位于莫干山南麓的后坞村便成为外国游客的度假聚集地。“后坞生活”以朴素、低碳、亲近自然的理念，营造具有东方诗意的生活，对拥有不同文化背景的异国友人更具吸引力。“后坞生活”坚持自我，不盲目跟风，在民宿设计与运营模式同质化的热潮中，依旧保持着低调、温和又不失多元的文化腔调。

在古代，文人雅士常在竹林雅集，以艺会友，徜徉于天地自然间。今天，在“后坞生活”的网络微信平台上，人们常常可以看到“竹林雅集”的宣传，有书法、养生、婚礼、团建、禅修、插花、茶道等内容，品种相当丰富。“后坞生活”也成了许多企业高管聚会的场所。养心是驱除烦躁的要义。心静人自凉。适当的健身运动，消暑又修身养性。挺拔的竹林在露天剧场投下一片阴凉。在这里，清晨可打太极、练瑜伽，傍晚可举行一场雅俗共赏的音乐会，或放映一场旧时光的露天电影。

王天鹏在竹林间，设置了几间纱帐掩映的休闲空间，给人非常浪漫的印象。这里成为许多旅客举行婚礼派对的场所，也成为摄影基地。在距离“后坞生活”的主体建筑不远处，有休闲攀爬健身为主的 Discover 极限挑战户外项目，还有骑游通道、水上皮划艇项目。这些都反映了低碳养生的生活理念。这些项目的存在，使人感到“后坞生活”更像一个健身俱乐部。骑行野外，风簌簌地穿过衣袖，令人感受到野外的生机，以及贴风而行的自由。

提前预约露天烧烤（BBQ），就可以在晚风习习的傍晚开始一场夏夜的狂欢。莫干山当地啤酒、新鲜的大西瓜、啤酒和撸串是莫干山后坞夏夜的独享。夜幕降临，凉风习习，美食摆上餐桌——是点燃篝火，呼朋唤友，围着暖红色篝火载歌载舞的时候了。

在后坞，春天可聆听竹笋的生长，夏天可看满山萤火，秋天可骑行在金黄水稻中，冬天可赏竹林雪景。清晨叫醒你的不是恼人的闹钟，而是竹林中婉转清脆的鸟鸣。推开窗帘，满是莫干山脉宜人的风景，简单，快乐，热忱，返璞归真，人在这里过的是轻盈诗意的理想生活。

長相守

创·作

Works

身处莫干山，放眼全世界。这是王天鹏这些年来心灵视野划过天空留下的轨迹。在“后坞生活”艺术工作室，王天鹏设计了一个个美丽乡村建设项目。他以自己对乡村文化当代性的理解，将他的理念和意志投放、辐射到一个个作品中，撬开了“绿水青山就是金山银山”乡村度假旅游经济的这把锁。

“海山生活”（浙江省台州市）

“海山生活”是王天鹏创作设计的一个项目，位于浙江省温岭市。这个度假旅游业态的最大特色是保留了海边石头房的当地风貌。整个村庄都是石头垒筑的房子，体现出适应当地海洋性气候的建筑特色。

“海山生活”是石塘半岛的第一个旅游度假业态，充分利用了 26000 多间石屋，激活了一个小镇的经济。2017 年，石塘半岛获得浙江省“旅游半岛”称号。

这儿是几百年前渔民打鱼为生的地方。王天鹏以石头房为载体，开启了石塘半岛度假旅游业态，以点燃荒芜的方式，结合艺术手法，给了石屋村庄以二次生命。“海山生活”使石屋村庄从“生存状态”发展到“生活状态”，给它赋予了旅游度假的属性，美丽了一方渔村，盘活了一方经济。

王天鹏在“海山生活”中的作品设计，来源于其多年艺术积累。2014 年，他着手策划这个项目。2017 年，“海山生活”获得浙江省“精品民宿”称号。在“海山生活”创作中，王天鹏继续注重当地特色元素的挖掘。他将五间石屋打通，开辟石屋酒吧，里面有石头砌成的壁炉。木料大多采用从渔船拆解下来的老船木，装饰的灯利用了航船方向盘和悬挂渔网的浮球。

7 月，是东海的休渔期，许多渔船停泊在东海湾。山岗上，层层叠叠的房屋，黄色花岗岩一般，参差错落，与绿草山花相间。石屋瓦背上，压着许多脊棱一般的石头。这里是新千年的曙光首先照耀中国大地的地方。早上 5 点 15 分，王天鹏站在东海湾石屋院子里看日出。海湾里，朝阳从海面上冉冉升起，在海边山头涂抹瑰丽的光辉。夏夜的小院，蛙鸣阵阵，浪涛缠绵，海风涤荡心胸。露台上，烧烤啤酒晚会在小提琴的阵阵伴奏中开启了美好的夜晚。

“长岛一号院”（山东省烟台市）

“长岛一号院”位于北纬38度的烟台海滨。蔚蓝的大海上，游轮往来，海鸥飞翔。两年前，王天鹏接手这个远在渤海之滨的项目，“后坞生活”建筑元素再一次在中国大地渗入、绽放。这里原来是长岛县供销社旧址和南山街道老办公室。供销社解散之后，房屋就一直空置着。王天鹏就像一个点燃乡村经济的职业火枪手。这一次，“长岛一号院”进行了公司化运营。在规划设计上，“长岛一号院”在原始建筑的基础上，对原本废弃的老房子进行了保护性开发，在保留原有的石墙灰瓦的同时，植入当代设计手法和度假理念，重新布局，营造出一种静逸质朴、闲情野趣的情怀。

“长岛一号院”所在的长岛县，有着悠久的历史。唐太宗东征高丽时，曾在此修夯土城，名南城。明天启年间，石姓从蓬莱迁来建村。清同治年间，李姓从栖霞城北迁入。王天鹏在设计中，充分融入了长岛当地的人文特色，以追忆乡愁为开发理念，成为一种目的地式的度假产品，树立了中国北方海岛特色的度假民宿标杆形象。

如今，“长岛一号院”历时近一年的建设，于 2017 年 8 月 1 日开业，是烟台第一家公司化运营的度假民宿。王天鹏作为“长岛一号院”的规划设计师，出席了开幕式。他说，民宿是具有社会性和市场性的产品，既顺应政府农村改革的方向，又满足中高端客户群的消费需求，未来具有极大的发展空间。

“长岛一号院”度假民宿以高端化、精品化、高服务的经营理念服务于每一位体验者。它集文化创意、时尚休闲、旅游度假为一体，是一个综合性的开发项目，内设民俗体验馆、咖啡吧、红酒餐吧、亲子体验吧、露天 BBQ 小剧场、会务吧和四十四间精品度假房。个性化露天婚礼、亲子休闲、各类聚会和企业团建拓展活动，都可以在这里开展。

“龙溪镇山里村”（浙江省玉环市）

“龙溪镇山里村”位于玉环市龙溪镇东部，是典型的面海山区农业村庄。这是王天鹏花四年时间精心策划、规划、设计、参与建造的一个项目。其中，“花涧堂原创艺术家工作室”就是王天鹏亲手打造的。

微凉的清晨，站在龙溪镇山里村老炮台山顶，面对广阔无垠的大海，身心愉悦而平静。静静的大海，尚未从梦中睡醒。远山在云雾里若隐若现，清晨的凉意愈加让人觉得舒爽安宁。

传说，戚继光扫平倭寇以后，毛、叶、郑三姓祖先就迁居到了这个山村。他们相互扶持，繁衍生息。炮台是戚继光将军当年抗倭留下的。戚继光抗倭那份宝贵的记忆烙印在村民心里。石屋古朴，古树环绕，青藤蔓连，清幽苍凉。房前屋后，遍布羊肠小道，山鸡悠闲踱步，让人感到山里生活的清静和悠闲。在“龙溪镇山里村”农家庭院里，笔直的村道两旁，低矮的篱笆与石墙围成小院儿，栀子花、豆荚花绽放，清香弥漫，诗意盎然。

近年来，龙溪镇以推进“山里村”为国家AAA级景区、省级历史文化保护村落和省级农房改造示范村、省级美丽宜居建设示范村等创建工作为契机，先后兴建了四季花田、嬉溪谷健身步道、百年古村群、亲子乐园、山里农庄、山里村文史馆、艺术家工作室、乡村科普中心、冰波图书室、乡村农家风情一条街等景点，美丽乡村生态游内容不断丰富。在花涧堂乡村度假别院里，古树掩映，藤蔓牵连。游客相聚在乡村客栈中，品茶休闲，呼吸山里空气，下厨做饭，爬山看海，隐居乡村，放飞美丽心情。

2015年，“龙溪镇山里村”成为台州第二个“国家美丽宜居示范村试点村”。在2016年“中国最美休闲乡村”150个推介名单中，“龙溪镇山里村”占有一席之地。

“老子山镇龟山民俗度假村”（江苏省淮安市）

“老子山镇龟山民俗度假村”项目位于龟山村淮水岸边，面朝淮河，清波濯心。

龟山是洪泽湖区域唯一的传统村落，石居是龟山村的一大特色。石块堆积的房子古朴怀旧。老子山镇以保护村庄原生态环境、原生活方式为基本原则，加大对龟山传统村落的保护和开发力度，对古村落建筑遗迹进行保护性开发和修复，根据龟山历史遗存风貌，用传统技艺修缮形成了石屋民宿区。

在淮河岸边的草荡中，一个绵延七万平方米的项目正在动工，水泥基架已经打制完成，空中的木结构也已经架设完毕。整个建筑体型蜿蜒曲折，沿着淮河水岸，延宕下去。正在建设中的“老子山镇龟山民俗度假村”项目，用总设计师、总策划师王天鹏的话来说，又将成为“点燃”一镇经济、复活乡村文明、撬动城乡经济杠杆的一个着力点。该项目将设接待中心、咖啡吧、茶吧、自助餐吧、露天剧场、泳池、民俗体验馆、水上驿站等公共空间。

作为江苏省美丽乡村建设的形象标杆项目，“老子山镇龟山民俗度假村”项目的建设具有举足轻重的意义。几年来，洪泽区全力建设生态旅游首选区，加快生态旅游项目开发。老子山镇是洪泽湖畔“一镇四区”建设的内容之一。老子山突出“生态为底、文化为魂、健康为要”的全域旅游理念，精心打造融道学文化、生态休闲、温泉养生为一体的生态优美、渔家风情浓郁的特色小镇。

建设中的“老子山镇龟山民俗度假村”项目

建设中的“老子山镇龟山民俗度假村”项目

建设中的“徐州宋庄民宿”

“山唐·客家桃园”（福建省永定市）

福建土楼产生于宋、元，成熟于明末、清代和民国时期。2008年7月6日，在加拿大魁北克市举行的第32届世界遗产大会上，福建土楼被正式列入《世界遗产名录》。被列入《世界遗产名录》的土楼中最古老和最年轻的圆楼均在永定初溪土楼群，直径66米的集庆楼已届600岁“高龄”，直径31米的善庆楼则仅有30年历史。福建土楼的形成与历史上中原汉人几次著名的大迁徙相关。西晋永嘉年间即公元4世纪，北方战乱频仍，天灾肆虐，当地民众大举南迁，拉开了千百年来中原汉人不断举族迁徙入闽的序幕。

福建土楼，因其大多数为福建客家人所建，故又称“客家土楼”。土楼以土、木、石、竹为主要建筑材料，墙体以按一定比例拌和的沙质黏土和黏质沙土为材料，用夹墙板夯筑而成，一般是两层以上。作为福建客家人引以为傲的建筑形式，土楼是福建民居中的瑰宝，同时揉进了人文因素，堪称天、地、人相结合的产物。数十户、几百人同住一楼，反映了客家人聚族而居、和睦相处的家族传统。

“山唐·客家桃源”是一个田园度假综合项目。它将现代文明注入客家传统的诗意田园生活之中，是客家传统文化的当代性表达。以这一项目为载体，传统客家文化获得复兴、生长和传承！第一，土楼的复兴是建筑实体与空间的复兴。当地社区和旅游服务设施的建设，对土楼形成非均质有机生长关系修复。第二，土楼的复兴是生活复兴。它引导客家居民重新认识农耕生活的美好真谛，恢复传统的生活方式。第三，土楼的复兴是文化复兴。它通过旅游业态的市场行为驱动，促使客家居民主动寻回传统礼仪、艺术与手工艺，重现传统的文化意蕴。第四，土楼的复兴是精神复兴。青年人可在创业中回顾土楼，重现数代同居、家业兴旺的和谐画面。

该项目分为“又见土楼”“再建土楼”“重归土楼”“遥望土楼”“综合配套”五大板块。

“又见土楼”分为三个级别：一级土楼有七贤楼群，是由七位客家贤达人士兴建的标志性土楼；二级土楼为客家学术研究机构、大学实习基地，吸引客家历史民俗专家、作家、音乐家、建筑家、艺术家入驻；三级土楼为传统手工作坊，包括客家酿酒作坊、手工卷烟作坊、传统食品作坊、客家全席宴、工匠竹编、织布坊、电商运营中心、客家特色产品展卖部等。“又见土楼”

还有客家农二代创客产业园，包括客家文创空间、国际地域民俗交流空间等。该项目是客家精英聚集地、客家民俗交流中心和客家艺术传承地。

“再见土楼”的定位为土楼建筑朝圣地，是客家国际青年交流中心，乡村旅游目的地。这一板块的设施包括永定客家度假村、夯土微酒店、客家国际青年旅社和客家儿童乐园。

“重归土楼”的定位为客家人国际旅居社区、客家中医康养地和客家宗族回归地，包括客家国际旅居社区、生态康养中心和国医保健疗养中心。

“遥望土楼”的定位为乡土建筑设计学院探索研究基地、

客家国际青年农业创业基地和客家乡村旅游度假目的地，包括各种客家田园生态综合体，其中分为水稻田园、企业领养稻田、果树园、耕种培训，以及田园集市、家禽有机养殖、帐篷露营地、户外运动俱乐部和客家歌舞秀等。

“综合配套板块”定位为世界客家文化交流中心，是客家游子的精神寄托地，包括客家家训国际馆、客家祭祖台、土楼国际会议中心、客家陵园和桃源寺等。

该项目将被建设成为中国美丽乡村建设示范项目，借湖坑镇入选全国特色小镇之势，使其成为特色小镇的内涵表达。清华大学建筑学院、同济大学建筑学院、厦门大学建筑学院将受邀为项目的夯土建筑研究提供学术支持。台湾农创开发团队将被引入，建设生态农业园区。福建农业科学院水稻、果蔬实验基地也将被引入。该项目将借申请世界文化遗产成功之势，成为世界文化遗产传承与发展的新典范。届时，人民网、新华网在内的十家主流媒体会对项目进行报道，系列短片《阿桂的乡愁》将被制作。创始人阿桂将被塑造成新客家人的代表。项目将树立和推广“诗意田园、客家桃源”的品牌，组建招商团队和举办多场说明会，考虑远期电视节目、电影、电视剧的宣传与植入。

回　望

我对王天鹏的采访持续了半年的时间。

老实说，我喜欢和王天鹏聊天。和他聊天的感觉与任何人都不同。我所接触的专家，以理论研究者为多。和他们聊天，你会觉得他们思路非常开阔，逻辑相当缜密，但是流于理论层面。与王天鹏聊天，就不仅仅是收获许多概念和名词了，更有许多感性的内容——你能体验到他对所在领域的一种深厚、细腻的触觉与感情。

王天鹏的表述是与众不同的。这种不同来自他的实干与理论的结合。他既是一个在战场上指挥调度的将军，又是一个理论知识的传播者。他的身份总在时时发生变化：一会儿，你觉得他就是当代毕加索，是一个擅长讲故事的人——他和他的“后坞生活”建筑作品，成了故事的主题；一会儿，他在办公室设计规划草图——某个乡村需要一个项目来撬动当地经济，他是其中的力量之一；一会儿，他在工地上，身穿一件肮脏的 T 恤，和泥瓦工一起干活；一会儿，他站在某个高校的讲台上，是讲授民宿产业发展理论与实务的教授；一会儿，他和某地宣传部门、经济发展部门的领导共同探讨美丽乡村经济的发展策略；一会儿，他在自己的工作室、水吧与企业高管们侃侃而谈；一会儿，他在雅集上专注而安静地写着汉简；一会儿，他在后坞养生吧里练瑜伽，劈“一”字腿；一会儿，他在后坞湖泊划皮划艇，在野地骑自行车，成为乡村野奢生活的创造者和体验者。

五年前，王天鹏来到后坞。这一带都是白墙黑瓦的简单屋舍，竹林茂密，草棚猪舍参差错落。这是一个朴素自然、静谧安宁的乡野。王天鹏希望在这样一个乡村定居、创业，寻找城市不能带给他的、生活中不该缺少的许多元素。他满怀着憧憬与信心，撸起袖子就干了起来，用双手创造自己想要的生活。他在这里生活得悠游自在。在五年的时间里，他自觉不自觉地成了乡村文明的守望者和新乡村主义者。时光在阴影里层层变幻，王天鹏从萧萧竹林阴凉的清影里走出来，带着他自己设计的手卷，仿佛往地面上一铺，就能点石成金，化腐朽为神奇似的。

这五年，后坞作为一个村庄，起了怎样的变化，是后坞人有目共睹的。等到我应王天鹏之邀来到后坞，后坞已经开辟出大大小小的民宿。就像王天鹏喜欢使用的词汇“点燃”“撬动”一样，整个后坞村庄的度假经济被“后坞生活”点燃了，就因为五年前来了一个叫王天鹏的人。

王天鹏因此成了一个火枪手。他应各种邀请，奉命去做“点燃”工作，完成美丽乡村建设的时代使命。他兜兜转转，在全国一些城市与乡村走走停停，脚步抵达偏远的湖南村寨，又成为沿海城市市政府与艺术界的座上宾。

这些都成为他路过后坞的生活内容。

他的生命体验因为后坞而无限地放大了，生活就像秋天山野的色彩，变得重重叠叠，五彩斑斓。就在我写作《路过后坞》最后章节的时候，他的足迹又出没在新疆沙漠。正像他说的，杭州的夏天是他不喜欢的，他喜欢候鸟一样的生活。我仿佛看到一只大鸟挥动着翅膀掠过天空。后坞没能成为拴住他的绳子，虽然后坞的生活是那样丰富多彩。

艺术家是拴不住的。“后坞生活”就是他的艺术创造——这个创造因为融入了血汗，所以是活的、会呼吸的。我们可以想象王天鹏一早起来从后坞竹径穿行而过的情景：他会微笑着和竹林打招呼，会好好地看一眼悠悠青山和农舍，就像问候一个朋友。

生命不息，王天鹏就无法停止他行吟创造的脚步。因此，我们将书名定为“路过后坞”。王天鹏在后坞居留到什么时候呢？他不能确定。但是，路过后坞的时光确实给他带来了美好，让他产生了深深的感怀，而本书就是对他这段生命历程的小小纪念。

在书稿完成之际，王天鹏嘱咐我要再写一个“回望”。我想：他为什么要坚持“回望”一下呢？我仿佛看到他坚持先锋的孤独身影穿过后坞的马路，穿过河流溪涧曲迂回环的岸边，穿过风波摇荡、竹声如涛的山林。对于后坞，他只是一个匆匆的过客。现在，他撇过头去，做一个深深的“回望”，朝那朴实自然的来处，缓慢地举起右臂，深情地招手。

“我来时它是怎样的，我去时它还怎样。”他说。

此话让我想起了徐志摩在《再别康桥》里的诗句：“我挥一挥衣袖，不带走一片云彩。”

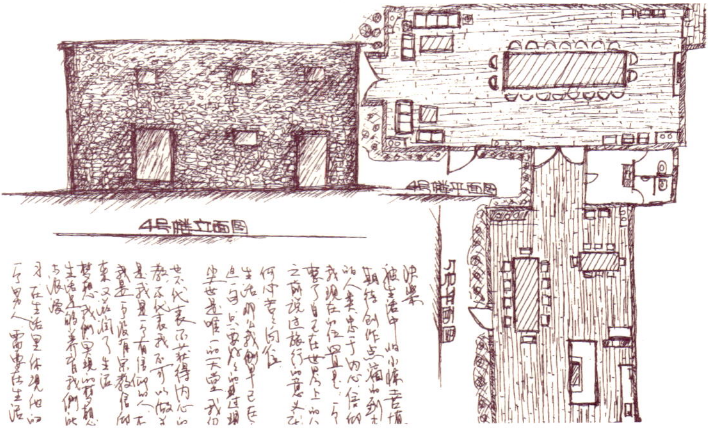

L U G U O

H O U W U

ISBN 978-7-5598-1113-4

9 787559 811134 >

定价：45.00 元